U0527998

《科教发展评论》编辑委员会

编委会主任： 叶 民

编委会委员：

（按姓氏笔画排名）

万 灿	王秋旺	王靖岱	叶桂方	申成龙
朱军文	朱学彦	朱 凌	朱 慧	刘检华
杨 帆	杨 波	吴 飞	张光新	张 炜
陆 一	陈廷柱	陈 悦	陈 婵	周江洪
周建中	周 玲	项 聪	赵志荣	贺 飞
夏文莉	夏群科	徐贤春	黄廷祝	程术希
雷 庆	蔡三发	阚 阅	魏 江	

主 编： 李拓宇 陈 婵

编辑部主任： 朱 凌

特约编辑： 李 文 何秋琳 吕文鸯

主编／李拓宇　陈　婵

科教发展评论

REVIEW ON SCIENCE, TECHNOLOGY & EDUCATION DEVELOPMENT

第十一辑

浙江大学出版社
·杭州·

图书在版编目(CIP)数据

科教发展评论. 第十一辑 / 李拓宇,陈婵主编.
杭州:浙江大学出版社,2024.9. -- ISBN 978-7-308
-25456-4

Ⅰ. G649.21-53

中国国家版本馆CIP数据核字第2024M2V328号

科教发展评论(第十一辑)
李拓宇　陈　婵　主编

责任编辑	李海燕
责任校对	朱梦琳
封面设计	雷建军
出版发行	浙江大学出版社
	(杭州市天目山路148号　邮政编码310007)
	(网址:http://www.zjupress.com)
排　　版	杭州好友排版工作室
印　　刷	浙江新华印刷技术有限公司
开　　本	787mm×1092mm　1/16
印　　张	7.25
字　　数	176千
版 印 次	2024年9月第1版　2024年9月第1次印刷
书　　号	ISBN 978-7-308-25456-4
定　　价	32.00元

版权所有　侵权必究　印装差错　负责调换

浙江大学出版社市场运营中心联系方式:(0571)88925591;http://zjdxcbs.tmall.com

目 录

数智教育

001	仇婷婷 苏 冬	青年就业教育的数智范式转向:认知、效能与建构
013	黄赵倾城 范雨溪 范惠明 刘开振	国外工程师数字化能力框架对我国卓越工程师培养的启示
027	杨 珪 戴 睿 张鲜元	以"信息+"为核心的新工科——高校工科发展战略选择浅见
037	曹雅妮	工科生的核心数字素养:基于扎根理论的探索性研究

科技管理

046	周 玲 王欣怡	面向国家战略,提升高校工程科研团队管理与合作有效性——有组织科研的内涵与任务视角
058	程术希 王芳展 雷李楠 泮进明 席 萌	高校有组织科研组织模式与创新资源优化配置研究
073	黄云平	技术应用推广范式的逻辑构造及其展开

高教发展

085	张端鸿 刘 虹	多维平衡:院校研究本土化的一个分析框架
092	许 翾	研究型大学人才战略的探索与实践:以浙江大学人才工作的多重匹配研究为例
105	朱佐想 杨桂珍	从"感性认知"到"理性选择"——基于在校大学生新高考选考科目选择的探析

Contents

Digital intelligence education

001   Qiu Tingting, Su Dong   Digital Intelligence Paradigm Shift in Youth Employment Education: Cognition, Efficacy, and Construction

013   Huang Zhaoqingcheng, Fan Yuxi, Fan Huiming, Liu Kaizhen   The Enlightenment of the Foreign Digital Capability Framework to the Training of Exceptional Engineers in China

027   Yang Gui, Dai Rui, Zhang Xianyuan   "Information+" as the Core of the Emerging Engineering Education: On the Strategic Choice of Engineering Development in Universities

037   Cao Yani   Core Digital Literacy of Engineering Students: An Exploratory Study Based on Grounded Theory

Science and technology management

046   Zhou Ling, Wang Xinyi   Enhancing Management and Cooperation Effectiveness of University Engineering Research Teams in Alignment with National Strategy: Perspectives of Content and Tasks of Organized Research

058   Cheng Shuxi, Wang Fangzhan, Lei Linan, Pan Jinming, Wang Xuanye, Xi Meng (Corresponding Author)   Research on Organized Scientific Research Organization Patterns and Innovative Resource Configuration Optimization in Higher Education Institutions

073   Huang Yunping   The Logical Construction and Expansion of the Paradigm of Technology Application and Promotion

Higher education development

085   Zhang Duanhong, Liu Hong   Multi-Dimensional Balance: An Analytical Framework for the Localization of Institutional Research

092   Xu Xuan   The Exploration and Practice of Talent Strategy in Research Universities: A Case Study of the Multiple Matching of Talent Management at Zhejiang University

105   Zhu Zuoxiang, Yang Guizhen   From "Perceptual Cognition" to "Rational Choice": A Study on the Subject Selection of College Entrance Examination from the Perspective of the Grounded Theory

数智教育

Digital intelligence education

Digital Intelligence Paradigm Shift in Youth Employment Education: Cognition, Efficacy, and Construction

青年就业教育的数智范式转向：认知、效能与建构[①]

|仇婷婷| |苏冬|

【摘　要】 随着全球数字化浪潮和生成式人工智能的发展，高等教育体系迎来了数智化新时代，为青年就业带来了新的机遇与挑战。本文从国家战略层面，阐述了数字经济的崛起和对教育数字化的重视，数智时代对青年就业教育的影响，并从认知、效能与建构三个关键要素出发，深入探讨青年就业教育在数智化背景下的范式转向：认知转向强调数智化不仅是技术变革，更是认知与思维的革命，数智化范式下的就业教育特征包括预测性前瞻思维、适应性调节思维、异质性个体思维和跨界性协同思维；效能转向强调数智化对短期就业替代和长期就业创造的双重效应，通过技能素养、教学改革、学习场景和管理服务的数智赋能，可以有效提升就业教育的质量和效果；建构转向强调数智范式体现复合理性下的治理思维与价值观，就业教育从工具理性向复合理性转变的重要性。本文达枳极倡导以引导可持续人才发展为核心的就业育人价值观，推动教育资源的优质化，强化个性化指导，并实现就业教育服务的深度渗透。

【关键词】 数字化；数智化；青年就业教育；范式转向

[①] 本文系浙江大学创新创业教育研究课题、中央高校基本科研业务费专项资金资助的研究成果。
作者简介：仇婷婷，浙江大学就业指导与服务中心副主任，浙江大学教育学院教育领导与管理博士在读。担任人社部全国人才流动中心青年就业创业导师、浙江省高校就业创业指导专家、浙江省技工院校创新创业导师。主要研究方向：思想政治教育、职业生涯教育、高教管理等领域。
苏冬，浙江大学学生职业发展培训中心讲师，工学博士。主要研究方向：公共政策与规划管理、青年发展研究、思想政治教育等领域。

一、引言:战略背景与范式转向

纵观教育发展史,技术与教育始终相生相长,每一次科技革命和产业变革都给教育带来跨越式发展。[1]伴随21世纪以来的全球数字化浪潮,高等教育体系不断经历"数字化"革新,而近年来以ChatGPT为代表的生成式人工智能的迅猛发展,又进一步将高等教育推入"数智化"新时代。在数智教育中,以往数字技术所蕴含的巨大潜力得到充分释放,对各行各业的发展带来了全面冲击,同时也造就了新的就业形态,为青年人的技能诉求、个人发展和道路选择提供了重大机遇与挑战。

自党的十八大以来,数字经济开始上升为国家战略。国家发改委等19个国家机构联合发布《关于发展数字经济稳定并扩大就业的指导意见》,指出要大力发展数字经济,促进就业提质扩面。党的二十大报告继续提出要促进数字经济和实体经济深度融合,打造具有国际竞争力的数字产业集群的重大战略部署,并首次提出将教育、科技、人才进行三位一体统筹安排、一体部署,对推进教育数字化和实施就业优先战略分别做出专门强调。国际上,2022年联合国教育变革峰会将教育数字化列为重点行动领域;2023年,世界经合组织发布《就业展望》,专题聚焦人工智能与劳动力市场主题,探讨数智时代对劳动力市场的影响;2024年,教育部和中国联合国教科文组织全国委员会联合召开世界数字教育大会,提出将教育数字化作为开辟教育发展新赛道和塑造教育发展新优势的重要突破口。就业是反映民生和宏观经济的重要指标,以数字经济和人工智能为代表的科技革命和社会经济形态变化对新时期青年就业和就业教育的影响不言而喻。[2-3]1998年《教育大辞典》将"就业教育"这一概念释义为"就业教育是帮助人们选择并准备从事一项适合自己的职业的过程。通过采用科学方法,帮助人们了解自己,培养和发展生理和心理的适应能力;帮助他们了解五花八门的职业世界和获得职业信息,学会做出职业决策,即根据社会需要和自身特点选择职业、预备职业、获得职业和改进职业"[4]。可以认为,就业教育是一种兼具课堂教学与指导服务功能的教育实践活动,尤其需要面向国家就业群体的主力军,服务大学阶段的青年就业力提升。以物联网、云计算、人工智能、区块链等新兴技术快速发展为表征的数智时代,对就业的量质关系以及人力资本的利用效率和培养质量提出了更高要求,也给就业教育带来机遇和挑战。

与数字化不同,数智化可以视作科技和社会发展中的一种新范式[5],蕴含着革新的思维方式、价值观和方法论。托马斯·库恩(Thomas Kuhn)于1962年出版的著作《科学革命的结构》中首次引入并系统地阐述了范式(paradigm)这一概念,将其作为解释科学发展中革命性变革的核心要素。[6]在库恩的科学哲学理论中,范式是科学共同体中所接受的基本理论、价值观、方法和模型的集合,是科学研究的框架和范畴。数字化和数智化在高校就业教育中的应用体现了科学共同体的范式演进。在数智化时代充分认知青年就业教育的范式转型、扩大积极效能、建构育人生态,从而长期推动高校毕业生充分高质量就业,实现对青年职业发展的价值引导,是当前时代高等教育的重要任务。

二、以认知—效能—建构三要素为路径的范式转向

本文基于范式转向视角,从认知、效能

和建构三个要素分析人工智能背景下就业教育向数智范式的深入转向,即以内涵认知为基础,探讨数智范式下的就业教育效能表现,并探索建构能够有效整合数智技术、就业市场趋势、青年价值观教育的育人生态系统(图1)。

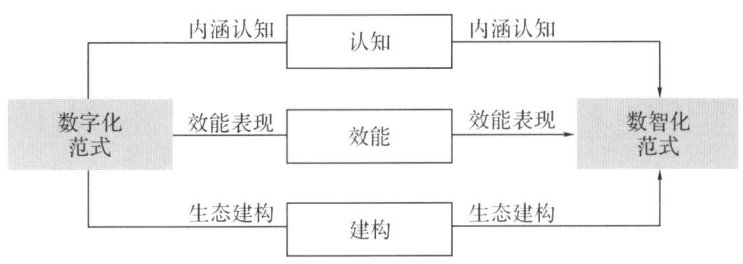

图1 青年就业教育由数字范式向数智范式转向

(一)认知要素

伴随着第三次工业革命浪潮,"数字化"概念遍布全球,其核心特征是信息技术的广泛应用,包括计算机技术、互联网、通信技术、大数据集成等。而"数智化"概念和第四次工业革命密切相关,其核心特征是机器学习、物联网、人工智能等新一代技术的融合和应用,强调对数据的深度挖掘、智能决策和智慧化理解。为区别新兴数智范式与传统数字范式的差异,需要对数字化与数智化的定义进行辨析。一般来讲,经济社会中提及的数字化概念通常指向其广义内涵,即包含了信息化、数码化、数字化、数智化等不同阶段的演变。而所谓数智化,则在内涵上有别于数字化的技术工具层次,突出了对未来的市场运行和人力资本培育带来的思维层面的影响和迭代挑战,既是一种新的生产关系范式,同时也是对教育范式和思维范式的巨大冲击[7-8]。与数字范式相比,数智范式既是一场技术变革与能力升级,亦是一场认知与思维革命[9],是数字智慧与人文智慧融合的产物[10],是从行为模式到思想理念的系统性重构。

(二)效能要素

数智化时代,自主型、分布型与多元型的新工作范式已经出现。以大机器生产和大数据应用为核心的相对稳定的技术经济范式下的就业模式已经无法对倍速发展的技术经济条件和动态环境作出快速有效的反应[11],而人工智能技术的本质是偏向性的,它可以充当数字资本主义社会中增加剩余价值的手段。如何协调就业与数智化进程是世界各国面临的共同挑战[12]。从经济学视角来看,伴随人工智能的迭代应用,数智范式对就业的影响将具有短期替代效应与长期提升效应的双重表现,需要青年就业教育者积极应对,促进短期效应向长期效应的转化。

(三)建构要素

数智化时代,科学技术的高歌猛进为人类带来理性增长机遇,推动着知识信息协同、价值共创、整体智治的治理生态形成。[13]如果说数字范式是一种工具理性下的技术手段,那么数智范式则体现了复合理性下的治理思维与价值观。数字化是一种技术手段,侧重于将信息以数字形式进行处理、存储和传输,因而在就业教育中常表现为运用数字技术来提高管理效率,并解决用人单位以及教育主客体之间的信息不对称问题。就业教育关注数据的集成量化、标准化、透明化,本质上属于社会学概念中的工具理性范畴,强调手段与结果。[14] 在数智范式中,就业教育不仅仅局限在对海量数据的处理分析,而是超越了技术层面,强调在数字化的基础上通过智能算法、人工智能等技术,实现对数据的深度挖掘、智能决策,以及对复杂情境的预测、调适、匹配和协同,具有了思考理解和方向引导的价值属性。在数智时代,教育治理将更加体现文化逻辑,从技术导向和经济导向转向以人为中心的价值回归,以最大限度促进人的个性化全面发展作为价值核心[9],体现工具理性与价值理性的复合。

下文即以这三个要素为出发点,具体对青年就业教育的范式转向特征与路径展开讨论。

三、认知转向:就业教育数智范式的内涵特征

在高校就业教育领域,数字化和数智化作为两种范式,代表了就业教育领域两种不同的思维方式和方法论。数字化范式中,高校就业教育整体上被数字化,形成了一个以信息化和网络化为基础的共享认知框架,强调透明性、实时性、可量化的技术特征。这一范式为高校就业教育带来了在线服务、虚拟实习等新方法。从库恩的理论视角看,这可被视为科学共同体中的认知转向,即从传统的手工业向数字技术应用的演变。而在数智化范式中,高校就业教育在数字化的基础上引入更为智慧化的元素,是科学共同体中的又一次认知转向。这一范式将就业教育从数字化效率提升的层面推进到更具共情力的育人引导阶段,凸显了预测性、适应性、个性化、协同化的四重价值思维。

(一)预测性前瞻思维

如果说数字范式的主要特征是通过数字化技术提高生产力和工作效率,那么数智范式不仅仅是为对象提供更高效、更有针对性的服务,更为重要的是,它通过预测和决策模型,在时序上提供对未来发展的指向。这一范式通过预测结果在一定程度上控制和引导人们的行为[15],运用一种看不见的手,推动着就业结构、经济模式、社会治理以及发展思维的进步。

数字范式为青年就业教育奠定了数字化和电子化基础,现有的学生个体信息、职业市场环境、招聘需求等元素通过数字化平台整合处理。而数智范式则通过进一步引入智能算法,将就业服务与职业发展指导提升到一个新的层次。它不再仅限于对现有大数据的处理分析,而是通过人工智能生成对经济社会的发展前沿、行业发展趋势以及青年个体职业发展潜能的图景。这使得就业教育能够在时序上面向未来、面向发展,具备更为发展的眼光和嗅觉,超越眼前片面性、事务性的就业考量,拥有更加前瞻性的思维视野。

(二)适应性调节思维

数智范式的另一个显著特征是实时性和适应性。通过智能算法的实时分析,青年职业发展、市场行业变化等因素能够被及时洞察捕捉,不仅为就业培训策略的自动化调适提供了空间,也为青年群体数据的生成算法的适时更新以及政府、高校适配支撑政策的动态调整提供了可能。这使就业教育更具敏捷性,以适应迅速变化的职业需求。尽管"生涯教育是应变之学"已成为就业教育领域的共识,但就业形势研判时效性不足、就业数据反馈及时性不够、高校职业发展教育对经济社会快速发展的反应度不强等问题一直存在。在数智范式下,亟须加强就业教育的适应性调节思维,提升实时反馈与调适应变能力,以更好地满足迅速变化的职业需求。

(三)异质性个体思维

因材施教是个性化教育的核心理念之一,这种教育理念旨在尊重青年个体的异质性,关注个性化需求和差异化发展。2019年,习近平总书记在向国际人工智能与教育大会致贺信时提出,要积极发挥人工智能和教育深度融合的优势,加快发展伴随每个人一生的教育、平等面向每个人的教育、适合每个人的教育。在数智范式下,就业教育不再采取"一刀切"的方式,智能算法的支持使得个性化职业规划成为可能。通过算法驱动个性化服务,系统深入挖掘学生的兴趣、能力、专业等多维度信息,构建青年群体的用户画像和标签集合。高校得以根据这些信息为青年提供更加符合个体差异、贴合青年需求的职业路径引导,从而推动就业教育由过去的大水漫灌转向更为精准的滴灌模式。

(四)跨界性协同思维

互联网的本质是联结,人工智能的优势在协同。数智化驱动下的不同社会主体对共建共治共享的诉求越来越强,自我利益表达和价值选择空间也随之扩大,而传统教师单中心的价值灌输和强制性的非沟通式的教育理念正逐渐压缩,价值认同和价值创造模式从而转向多元价值认同和多元主体互动[16]。在数智范式之下,就业教育强调联结为首、合作为要,倡导各方主体具备跨界性协同思维。该理念强调将散落的资源、信息等要素联结成为全链路的协同力量,以构建多元参与的教育生态[1]。数智范式通过算法模型,倡导将青年学生跨学科能力的培养纳入职业规划培训之中,注重对沟通、创新、团队协作等综合个体能力的培养,并提供全过程、全方位的择业就业指导支持,使青年学生能够更为有效地适应多元化的职业环境,实现更为全面的职业发展。

四、效能转向:就业教育数智范式的效应转化与四维赋能

数智范式对就业会产生两方面潜在影响,包括短期就业替代效应和长期就业创造效应。[2]而既有的就业替代风险有待在外部力量交互作用下转换演进并迈向工作新范式[11],其中数智范式下的就业教育是促进就业短期效应向长期效应转化的重要催化剂,需要重点挖掘技能素养、教学改革、学习场景、管理服务四个方面的数智赋能潜力。

(一)以就业教育推进短期效应向长期效应的转化

从经济学视角来看,数智范式对就业的影响具有双重效应表征。

其一是人工智能技术发展对就业带来的短期挤出效应,亦称为就业替代效应。马克思曾在《资本论》等著作中讨论机器对劳动力的影响,认为机器不仅仅是工人强有力的竞争对手,而且总是置工人于失业的边缘。麦肯锡全球研究院的一份报告指出,到2055年,人们所从事的工作任务中约有一半可以通过当前的技术实现自动化。尽管经济学家普遍不认为人工智能会导致工作的终结,但学者们普遍对人工智能对工资和就业的影响、加深社会不平等的潜力和劳动伦理问题表示担忧[17],社会技术性失业、群体性失业、规模性失业、长期性失业、就业歧视等就业风险不容忽视[18]。此外这种替代效应在推动就业转化升级的同时,也会带来结构性失业的风险[19]。例如:Open AI公司在推出ChatGPT后发布的报告指出,研究结果表明,约80%美国劳动力的工作任务会受人工智能的影响,其中翻译工作者、作家、记者、数学家、财务工作者、区块链工

程师等脑力劳动者受影响最大,而食品制作、林业养护等体力劳动者受到的潜在影响反而最小。此外,亦有研究表明,技术因素正在将劳动力分化为高技能和低技能工作,数智范式对高技能劳动力的需求不断上升[20],而正在消弭的是对中等技能的需求[21-22],需要掌握中级技能的就业岗位面临的风险尤大[23],部分通用性技能在数智技术冲击下贬值,就业空心化现象不断加深。

其二是人工智能技术发展对就业带来的长期创造效应。一方面,人工智能技术通过移动支付、电子商务、共享经济等新业态创造了更大的就业空间;另一方面,人工智能可以通过人机协作赋能劳动者,帮助劳动者实现人力资本优化配置。如人工智能可以自动执行重复性任务,从而提高效率和生产力,并使工作者能够专注于更具创造性和更高水平的任务,为拥有利用新技术所需技能的人才带来更好的薪资水平和职业机遇,从而有助于促进高质量就业。

尽管数智范式为青年就业创造了新的机遇,但在实际应用中仍然存在数智就业胜任力不足和数智就业生态建设不完善的问题。[3]解决这些问题需要更深入地关注组织力量和社会因素对两种效应的转变催化作用,这是当前亟须应对的挑战。[12]根据世界经合组织在2022年对多个国家的经济和制造行业的调查,人工智能对就业的最终影响取决于采取的外部行动。调查显示,强化教育培训和技能提升是雇主认为应对人工智能需求最重要的行动之一(表1)。因此,一些国家已经开始实施正规教育计划(如爱尔兰),或通过职业培训和终身学习倡议来提高人们的数智技能水平(如德国、芬兰和西班牙)。研究认为,基础性的人工智能素养应当在中等教育中广泛推广,而专业的人工智能技能则需要在职业和高等教育中深化培养。[24]总的来说,青年就业教育应当充当推动数智范式下就业短期效应向长期效应转化的关键催化剂。

表1 雇主群体认为应对人工智能时代的就业问题需要采取的外部行动类型

外部行动类型	经济行业(%)	制造行业(%)
强化教育培训或技能提升	64	71
向第三方购买服务	53	53
人才招聘	35	48
裁员	17	14

数据来源:世界经合组织 *Employment Outlook* 2023:*Artificial Intelligence and the Labour Market*,2023

(二)数智范式对就业教育的四维赋能

数智时代对传统就业教育模式提出了新的要求,这不仅需要更新人才培养的方式和内容,还需要全面提升教师的育人目标、教学能力以及教育环境。在数字范式向数智范式的过渡中,技能素养、教学改革、学习场景和管理服务的四方面数智赋能,将成为推动就业教育不断进步的关键因素。

首先,在技能素养方面,人工智能系统的开发和维护以及对人工智能产品的应用和交互将变得更为重要。数智技能素养的需求既来自开发和维护人工智能系统的专业需求,也来自人工智能应用程序的广泛使用和日常互动。开发和维护人工智能系统的工作通常是技术性的,包含了一系列新兴岗位。然而,更为普遍的情况是,各行各业都将不可避免地涉足人工智能技术或产品的使用，并与之进行互动。这就要求传统职业的任务内容和所需技能随着数智范式的发展而发生变化。在某些情况下，可能需要专业的人工智能知识体系，但对基本的数字和数据科学技能以及补充认知和横向技能的需求将更为广泛。随着人工智能的普及，对于各行各业的从业者来说，拥有广泛的数智思维，能够有效地使用人工智能系统并与之互动实为关键。

数智范式对职业岗位技能素养的要求倒逼青年就业教育的前置准备。这意味着传统职业需要适应数智范式的变革，从而促使就业教育更加关注人才培养的初始阶段，使基础性的人工智能知识素养在不同阶段的教育中有计划而均匀地渗透。具体来说，可以根据不同专业学科的就业方向和实践需求，有计划地引导学生掌握计算机编程、数据库管理和统计、数据分析可视化等基础知识，以及了解人工智能模型如"决策树""深度学习""神经网络"等，同时熟悉人工智能软件的应用。这种分门别类的引导和渗透策略可以在不同年级、专业和就业方向的青年群体中进行，以实现从"低阶入门"到"高阶熟练"的有序培养目标。

其次，在教学改革方面，我们可以从内在价值和外在方式两个方面来进行讨论。一方面是要以数智范式赋能内在价值目标。数智化的就业教育涉及参与者围绕人生价值观的树立，充分利用数智技术提升就业教育的引导共情能力。通过与外部环境的互动，数智就业教育为青年人才提供更多的增值精神资源支持。同时，数智技术也有助于促使教师明晰和反思在新时期的角色定位、转变路向以及应守之义。[25]另一方面是以数智范式赋能教学方式。数智技术将促进就业教育的原有教学要素优化重组，助推就业教育创新的发生和发展。高校可以通过提供开放的教育资源、开展教师培训计划、跟踪教学案例、展开职业规划教学成效监测等方式，创建全链路的职业规划和数智就业教学体系。此外，协同不同类型的国内外专业院校和产业基地，共同开展专题性人工智能技能学习和教学实践研究。

再次，在学习场景方面，数智范式可以突破原有的课堂认知极限，通过智能算法和虚拟技术，优化学习者、教学者以及学习过程的特征感知、模式认知和社会交互。通过打造数智就业大脑、元宇宙职业场景以及虚拟工作仿真技术，数智范式可以促进沉浸式就业体验。一方面，模拟不同场景的职业体验设计，让学生能够浸润式地参与职业体验、招聘和就业指导活动，从而增强自身与职场外部世界的链接，有助于提升青年学生的情商运用、沟通能力、协调能力等职业发展可迁移能力。另一方面，更个性化、实时化、前沿性且灵活高效的智慧就业学习场景的构建，也可以促使青年学生与用人单位、专业教师、亲朋好友等多元参与者共同形成"学习社区"。在这个社区中，青年学生会更主动、高效地参与知识获取和实践。通过多元参与和跨界合作的方式，潜移默化地影响青年学生的社会需求认知和就业价值观塑造。这样的学习社区不仅可以促进知识的共享和合作，还为青年学生提供了更全面、实践导向的学习体验，有助于其更好地应对职场挑战。

最后，在管理服务方面，数智范式可以促进就业教育由"管理本位"向"服务本位"转变，实现就业管理服务的协同化、精准性和应变力。其一，通过数智化就业大数据管理的自适应系统，将青年学生从入学培养到就业后成为校友的过程中的相关节点数据融合贯通。这一自适应系统能够完善就业工作的闭环结构，联通人才培养全链条的各关键环节，为国家教育系统和高校提供更全面的数据支持，使其更好地了解和满足学生的个性化就业需求。其二,高校可以通过构建就业指导智能支持系统,有针对性地解决以往海量资讯无法精准触达学生,无法精准地向学生进行就业推荐与推送的问题,基于不同类型学生的特点和成长成才规律,对个体就业意向和个人求职特征分析和预测,以就业指导服务的精细化、精准化驱动就业教育的质量提升。其三,通过实时数据分析和智能算法,高校可以根据国家战略方向和市场需要,更有导向地传递就业价值观,灵活调整就业服务策略,提高青年学生对职业发展动态的洞察力,从而更好地适应变化莫测的职业需求。

五、建构转向:从工具理性下的资源服务到复合理性下的育人生态

在数字化时代向数智化时代转向的过程中,青年的就业教育从工具理性下的资源服务转向了工具理性与价值理性复合下的育人生态构建。在数智范式复合理性的内在驱动下,高等教育与社会之间的界限将进一步打破,需以教育理念、教学模式、教育治理的整体性变革赋能青年全面发展,形成全新的教育生态。[1]就业教育工作将开始从以信息资源管理服务为主的"业务属性",走向以立德树人和因材施教为内核的全员、全过程、全方位的系统性"育人生态",有待建构具有本土特色的数智就业教育实践路径。

(一)以引导可持续人才发展为核心,促进就业育人价值观变革

以学生为中心是世界一流大学人才培养的基本理念和重要共识,高质量发展的人才需求使高校就业工作的重心从充分就业逐渐向高质量就业转移。开展就业育人,培养学生科学的择业观,引导其科学规划职业生涯,服务国家战略和社会需要,为党育人,为国育才,是就业育人的重要着力点。国际共识认为,价值观同技能一样,对于将人工智能有效融入各行各业,尤其是教育领域至关重要。[23]人工智能作为一种信息资源、技术工具和思维理念,与就业育人融合是大势所趋。数智范式下的就业教育要以出口导向为引擎,构建以学生成长为中心的就业思政体系,通过协同德育体系、专业体系、课程体系、教材体系、招生培养体系、服务保障体系等各个条线,系统化设计智能就业云平台,利用人工智能技术强化社会发展趋势研判,瞄准社会发展中的急需人才需求,创新教师引领机制,在使命愿景指引下提升育人共同体的立德树人成效。

(二)人工智能助力职业课程建设,推动就业教育资源的优质化

课程教学是高等教育的核心一环。在数智范式赋能下,就业教育应在课程体系开发与教学方式创新方面探索出一套具有中国特色的数智就业教育课程资源。如采取高校主体、政府支持、社会参与、AI赋能的方式,进一步推进智慧慕课与虚拟课堂的发展。就业引导与职业规划的课程内容呈现、课后的跟踪辅导反馈可由"数字人+高校教师"的双师课堂组合完成,数字人技术在提升教师智能教学和促进学生自主学习方面发挥着重要作用。随着技术的持续进步,尤其是ChatGPT等创新工具的出现,数字人的潜力得到了进一步的挖掘和释放。[26]数字人不仅能够提供心理疏导和决策分析,还能利用就业大数据进行实时预警和研判,并且能够提供一对一、个性化、持续的就业指导服务,帮助学生更好地规划职业发展。通过数字技术模拟真实场景,建设一批虚拟仿真实验教学课程,并连通国际职业教育资源,推动"慕课元宇宙",与世界一流大学和世界百强企业合作开设虚拟化智慧课堂,让

青年学生在了解国际形势的同时增强跨域职业体验。同时,在教学成效评价方面,数智范式下的课堂教学需将传统的单一指标逐渐演化为多元维度的考量。除专业成绩和学业表现,可以利用智能算法全面跟踪青年个体在课外场景中所表现出的实际技能、实践经验以及创新能力等多元指标,为青年学生的职业发展提供更为全面的多维度评估引导。

(三)精细化反馈人才培养全过程,强化就业教育个性化指导

将数智就业"云指导"作为育人体系的重要环节,以精准画像指导学生学涯成长,以数智资源辅助学生自主成长,以就业数据反馈育人体系改革。实施全过程生涯跟踪,构建以"学业成长画像—求职预期画像—人才需求画像—职场发展画像"为关键要素和内容的个体职业发展模型,智能精准推荐就业岗位,全程数据追踪职涯发展,助推个人能力可视化、岗位推荐个性化、能力提升长期化,将学生就业指导及能力培养贯穿学习生涯。关注线上线下一对一的指导帮扶,创建专门的数智就业体验舱(图2),接入AI简历系统、AI视频模拟面试系统,加强人机交互式学习,为学生提供精准化简历修改和面试指导,为学生提供更加个性化、深度化的数智就业体验,利用数智资源辅助学生自主成长。

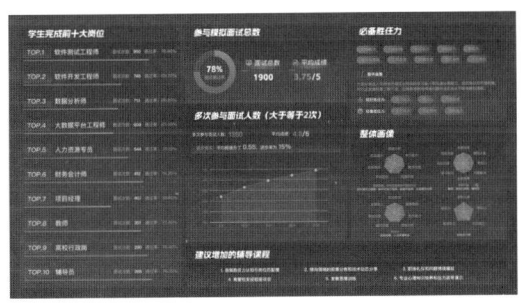

图2 基于AI平台的定制化数智就业体验舱

(四)智慧平台联动跨界参与,实现就业教育服务的深度渗透

数智范式基于数字世界开放包容的弱边界特征,社会方方面面在开放共享中传播、碰撞和汇聚价值观,使各类个体、组织、部门和地域、业务、事务在空间广泛聚合连接。[13]就业教育需要抓住数智时代所带来的开放性、共识性、前瞻性认知,建构智慧协同平台。将数智就业云平台纳入就业教育体系谋划,面向学生、教师、单位、校友等用户的不同需求,集成功能模块打造沟通闭环。实施全环节贯通培养,加强多元助推,以就业数据为招生专业调整、人才培养、就业管理决策与科学研判提供有力支撑。同时,抓住服务学生和重点引导两个关键环节,借助智慧平台体现社会、学校、学院、学科意图,调动学科教师、院友群体、用人单位乃至家庭系统参与青年就业引导的积极性,推动各方育人伙伴角色的有机统一(图3)。

六、结语

随着全球数字化的浪潮更迭,以及生成式人工智能的迅猛发展,高等教育体系正经历着一场由数字化转向数智化的深刻变革,这场变革为青年就业教育带来了前所未有的机遇与挑战。本文在范式转向的视域之下,基于认知、效能和建构三个要素,探讨青年就业教育的内涵重构、效能转变以及育人生态的构建。认知上,数智化不仅是技术革新,更是思维革命,强调前瞻、适应、异质和跨界思维;效能上,数智化双重作用于青年就业教育,需要通过技能提升、教学改革、场景优化、管理提升等方式提升就业教育质量;建构上,倡导复合理性下的治理思维,从工具理性向复合理性转变,强调以可持续人才发展为核心,推动教学资源优化、指导服务个性化、跨界平台智慧化,以适应数智化时代的新要求。

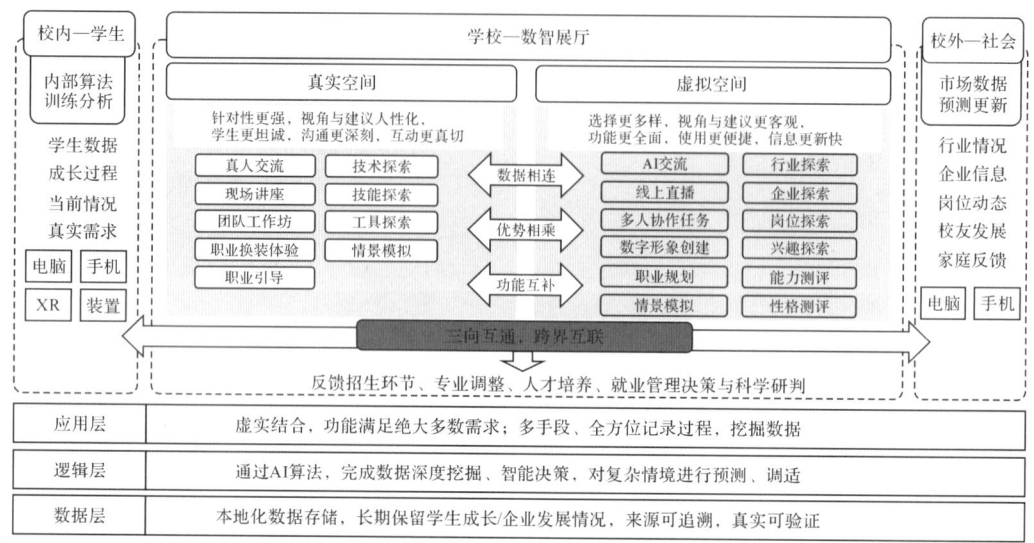

图3　联动学生、学校与社会多元主体的数智就业教育展厅构建逻辑

参考文献

[1] 吴岩.开辟新赛道,寻求新突破,教育数字化引领高等教育新发展[R].中华人民共和国教育部,2023.
[2] 李辉,邓琪钰.数字经济发展的就业效应研究[J].人口学刊,2023,45(4):41-56.
[3] 刘海滨,常青.数字经济赋能高校毕业生充分高质量就业的现状、趋势与挑战:基于4万名大学生的调查[J].中国大学生就业,2023(6):10-17.
[4] 顾明远.教育大辞典:增订合编本[M].上海:上海教育出版社,1998.
[5] XU Y, LIU X, CAO X, et al. Artificial Intelligence: A Powerful Paradigm for Scientific Research[J]. The Innovation,2021,2(4).
[6] KUHN T S. The Structure of Scientific Revolutions[M]. Chicago: University of Chicago Press,1996.
[7] ALPAYDIN Y, DEMIRLI C. Educational Theory in the 21st Century: Science, Technology, Society and Education[M]. Singapore: Springer Nature Singapore,2022.
[8] SPOETTL G, Tūtlys V. Education and Training for the Fourth Industrial Revolution[J]. Jurnal Pendidikan Teknologi dan Kejuruan,2020,26(1):83-93.
[9] 吴立保.数智时代大学治理的范式转型[J].教育发展研究,2022,42(3):3.
[10] 聂政.数据治理、数字治理与数智治理:数字政府的治理逻辑[J].辽宁行政学院学报,2023(5):17-23.
[11] 杜勇宏,王汝芳.推进数智治理助力高质量发展[J].前线,2023(7):45-48.

[12] 何继新,赵丹青.数智化赋能基层治理共同体发展:"价值认同—价值共创"的新视角[J].天津行政学院学报,2022,24(5):47-55.

[13] 杨伟国.从工业化就业到数字化工作:新工作范式转型与政策框架[J].行政管理改革,2021(4):77-83.

[14] 周洁.数字经济发展对劳动力就业的影响与对策:基于政治经济学的视角[J].湖南社会科学,2023(6):51-60.

[15] OECD. OECD Employment Outlook 2023:Artificial Intelligence and the Labour Market[R]. Paris:OECD, 2023.

[16] 王兆萍.数智时代我国面临的主要就业风险及治理路径[J].北京社会科学,2023(3):88-98.

[17] 李妍菲.数字赋能促进高质量充分就业:数字经济与就业座谈会发言集锦[J].中国就业,2023(7):4-7.

[18] FREY C B, OSBORNE M A. The Future of Employment:How Susceptible Are Jobs to Computerisation?[J]. Technological Forecasting and Social Change, 2017, 114:254-280.

[19] BÁRÁNY Z L, SIEGEL C. Job Polarization and Structural Change[J]. American Economic Journal:Macroeconomics, 2018, 10(1):57-89.

[20] GOOS M, MANNING A, SALOMONS A. Explaining Job Polarization:Routine-Biased Technological Change and Offshoring[J]. American Economic Review, 2014, 104(8):2509-2526.

[21] UNESCO. Understanding the Impact of Artificial Intelligence on Skills Development(Education 2030)[R]. UNESCO-UNEVOC International Centre for Technical and Vocational Education and Training, 2021.

[22] LANE M, WILLIAMS M, BROECKE S. The Impact of AI on the Workplace:Main Findings from the OECD AI Surveys of Employers and Workers[R]. Paris:OECD, 2023.

[23] 郭胜男,吴永和.社会角色理论视域下的人工智能时代教师:困厄、归因及澄明[J].电化教育研究,2022,43(6):18-24,60.

[24] 张红春,杨涛.数智时代的公共决策:复合理性转向与范式证成[J].云南行政学院学报,2024:1-12.

Digital Intelligence Paradigm Shift in Youth Employment Education: Cognition, Efficacy and Construction

Qiu Tingting, Su Dong

Abstract: With the global digital wave and the development of generative artificial intelligence, our higher education system has ushered in a new era of digital intelligence, bringing new opportunities and challenges to youth employment. This article elaborates on the rise of the digital economy and the emphasis on educational digitalization from a national strategic perspective, the impact of the digital intelligence era on youth employment education, and explores the paradigm shift of youth employment education under the background of digital intelligence from three key elements: cognition, efficacy, and construction. The cognitive shift emphasizes that digital intelligence is not only a technological revolution but also a revolution in cognition and thinking. The characteristics of employment education under the digital intelligence paradigm include predictive foresight thinking, adaptive adjustment thinking, heterogeneous individual thinking, and cross-boundary collaborative thinking. The efficacy shift highlights the dual effects of digital intelligence on short-term employment substitution and long-term employment creation. By empowering skills literacy, teaching reform, learning scenarios, and management services through digital intelligence, the quality and efficacy of employment education can be effectively enhanced. The construction shift emphasizes the governance thinking and values under the digital intelligence paradigm, reflecting the importance of the shift from instrumental rationality to composite rationality in employment education. The article also advocates for an employment education value system centered on guiding sustainable talent development, promoting the quality of educational resources, strengthening personalized guidance, and achieving deep penetration of employment education services.

Key words: Digitisation; Digital Intelligence; Youth Employment Education; Paradigm Shift

数智教育
Digital intelligence education

The Enlightenment of the Foreign Digital Capability Framework to the Training of Exceptional Engineers in China

国外工程师数字化能力框架对我国卓越工程师培养的启示[①]

| 黄赵倾城 |　| 范雨溪 |　| 范惠明 |　| 刘开振 |

【摘　要】　当前,世界主要国家都在积极推动产业数字化转型。为了支撑现代化产业体系建设,培养一批既能适应又能引领产业数字化转型的卓越工程师成为必然要求。未来的卓越工程师不仅需要掌握专业领域的知识,还需能够利用数字化技术推动产业转型和升级,成为兼具专业能力和数字化能力的复合型、创新型工程师。数字化能力的培养是未来卓越工程师培养的关键。本文介绍了两个国外工程师数字化能力框架,总结了可鉴之处,并结合我国工程教育发展现状,为我国卓越工程师数字化能力框架的构建及培养探索了可行路径。

【关键词】　卓越工程师;数字化能力;工程师培养模式

[①] 本文系上海市2023年度"科技创新行动计划"软科学研究项目"长三角科技创新共同体建设中高校的参与机制及优化路径研究"(23692103900)、华东理工大学2023年本科教育教学改革研究项目"我校卓越工程师科研育人机制及优化路径研究"、中国高等教育学会"2022年度高等教育科学研究规划课题"重点项目"数智时代创新创业教育与服务区域发展研究"(22CX0306)的研究成果。

作者简介:黄赵倾城,女,华东理工大学高等教育研究所硕士研究生;范雨溪,女,华东理工大学高等教育研究所硕士研究生;范惠明,男,华东理工大学高等教育研究所副教授;刘开振,男,华东理工大学科学技术发展研究院副研究员。

信息技术的快速发展改变了传统制造业的发展基础和经营方式,越来越多的学术研究和产业决策建立在海量、复杂的数据基础之上。根据欧盟委员会的报告,截至2020年,信息与通信技术专业人员的缺口达50万名,尤其缺乏具备数据分析技能的人才。欧盟委员会已经敦促所有利益相关方通过欧洲数字技能议程采取行动,以尽量减少这一差距。根据《"十四五"数字经济发展规划》,到2025年,中国数字经济产业规模将达到60万亿元,数字经济领域的就业人数将达到3.79亿,从业人员数量约为4500万人,而我国对数字经济人才的需求总数将接近7000万人。从总体供需来看,数字经济人才供不应求,到2025年,数字经济人才缺口将超过2500万人。[1]

在数字经济时代,明确我国卓越工程师应具备的数字化能力构成是培养卓越工程师的首要任务。未来的卓越工程师培养应将数字化能力作为核心内容。目前,国内高校和研究机构对卓越工程师数字化能力的培养研究尚处于初步探索阶段,本土化的数字化知识结构和能力框架尚待完善。相比之下,许多国家已开展相关研究并构建了成型的数字化能力框架。本文采用案例研究法与比较研究方法,选取了两个发展较为成熟的框架——欧盟提出的爱迪生数据科学框架(EDSF)和美国国防部提出的数字化工程能力框架(DECF)进行介绍,以了解各研究领域对数字化能力的描述与界定,梳理数字化能力体系,为构建我国工程师数字化能力框架和制定卓越工程师培养方案提供基础依据。

一、研究意义

《2022中国数字经济人才发展报告》指出,在中国数字经济人才中,技能人才缺口较大。未来,中国的数字经济人才技能重塑应主要聚焦在综合变革能力和专业技术技能两大方向。[2]我国数字化产业在转型和结构调整过程中面临来自国际趋势和国内形势的双重挑战,同时对数字化转型中急需的工程师能力提出了新的要求。近些年,我国对工程教育模式进行了一定改革,但在数字化能力培养方面的聚焦不足。[3]在大数据时代,社会需要一批具有数据管理、数据决策、产品开发、业务定义等[4]卓越能力的人才队伍。然而,由于培养模式未能顺应大数据时代的发展,许多现有人才无法满足新时代社会发展对数字化能力的要求。借鉴国外的数字化能力框架,对于更好地培养我国具有先进技术能力和创新思维的卓越工程师具有重要的现实和理论意义。

在理论研究方面,目前学术界对我国卓越工程师的数字化能力研究较少,现有研究主要集中在卓越工程师的能力分析以及对其综合能力的要求和培养方式,缺乏对如何培养卓越工程师数字化能力的系统研究。随着数字社会的发展和产业的数字化转型,对具备高级数字化能力的工程师提出了迫切需求。[5]本文的研究为建立本土化的数字化能力框架提供了国外经验的总结,并提出了前瞻性的建议,对于探索数字时代关键技术领域的人才培养具有重要意义。

在实践领域方面,随着数字技术的创新突破和产业的转型升级,世界主要国家围绕数字工程人才的竞争日益激烈。在未来的竞争中保持并提升优势将成为数字时代的核心命题。本文的研究有助于后续研究从宏观战略层面思考和明晰数字生态中产业人才结构的需求,有计划并有针对性地储备多领域工程科技人才,抢占数字时代产业发展和科技创新的制高点。

二、国外数字化能力框架研究现状

当前,有关机构提出的数字化能力框架主要分为两类:(1)综合型数字化能力框架,是面向公民、学生等围绕数字素养以及数字技术使用的技能框架,如欧盟公民数字能力框架(The European Digital Competence Framework for Citizens,DigComp)、联合国教科文组织的数字素养全球框架(Digital Literacy Global Framework, DLGF)。(2)专业型数字化能力框架,是指向不同行业从业者,如工科、医科、图书馆学等学科专业人员,以提高其数字化素养的框架。如爱迪生数据科学能力框架(CF-DS),其针对的是科学研究和工业实践领域的数据科学家,意在培养他们适应数字情境的工程科技人才数字化能力;数字工程能力框架(DECF)指向数字工程专业人员,以期望通过明确的定义来阐明所需的具体能力,从而为政府部门提供明确的指导。由于本研究主要关注高等教育阶段学生数字化能力的培养,以下主要介绍爱迪生数据科学能力框架(CF-DS)、数字工程能力框架(DECF)两个专业型数字化能力框架。

(一)爱迪生数据科学框架

1. 项目背景

当前,全球面临着第四次工业革命带来的挑战,世界各国产业界正经历着以数字化为突出特点的全方位变革。劳动力市场对数字技能人才的突出需要引发了个体层面获得或提升数字技能的强烈需求,这促使欧盟提出了对应的欧盟教育工作者数字能力框架。[6] 早在2013年欧盟为各成员国发布了欧洲数字能力框架(European Digital Competence Frame-work for Citizens),简称为"数字框架",随后于2016年及2017年对此进行修订为2.0版本及3.0版本。

近年来,欧洲创建了先进的用于研究的基础设施(eRI),随着欧洲研究社区复杂性的不断增长,其正常运行需要越来越多的优秀的工程师、专家和研究人员。而这些人员的任务从过去的设备维护和操作扩展到解决复杂的数据管理任务、协助研究人员使用新的科学和数据分析工具。欧盟坚持数字化能力为导向开展数字教育,进行人才培养和评价。近年由于数字技术创新突破和工程科技人才数字化能力出现新变化,传统工程科技人才能力模型亟须完善。2017年,欧盟"2020地平线研究与创新计划"推出了"爱迪生数据科学框架"(Edison Data Science Framework),简称为EDSF,该框架界定了科学研究和工业实践领域数据科学家所需的从业技能[7],为培养适应数字情境工程科技人才数字化能力提供了重要依据。

2. 项目目标

数据科学家作为一种新兴职业,其形成是一个从坚实的理论基础到验证所获得技能的漫长实践过程。EDISON项目旨在通过协调利益相关者的愿景和活动,支持他们获取有利的结果,从而加速这一过程。具体而言,EDISON项目旨在巩固数据科学家这种职业,确保在未来十年中,经过专业学术训练和认可的数据科学家数量显著增加。其具体目标如下。

目标一:推动越来越多的大学和专业培训机构开设数据科学家课程。鉴于欧洲研究、工业和公共部门对数据科学日益增长的需求,增加提供数据科学课程的大学数量至关重要。为支持大学提供数据科学教育,EDISON项目将与数据驱动科学和工业的主要利益相关者合作,开发和实施示范课程。

目标二:为毕业生、从业者和研究人员的职业生涯提供技能培训和认证数据科学家专业知识的条件和环境。为满足欧洲数据科学家数量持续增长的需求,EDISON项目还将支持专业组织对初学者进行培训,以达到在未来5~8年内逐步满足研究和行业需求的毕业生目标数量。

目标三:制定可持续的商业模式和路线图,以提高欧洲数据科学技术教育和培训的竞争力,为数据科学家作为一种新职业的正式认可奠定基础,包括支持未来为实践中的"自制"数据科学家建立正式认证。

3. 框架介绍

(1)基本介绍

作为一个为期两年的协调和支持行动,为了最大限度地发挥EDISON项目的影响力,欧盟将项目的产出和成就整合到一个框架中,供数据科学各领域的从业者在项目期间和之后使用。EDISON数据科学框架是一组定义数据科学专业文档的集合,旨在通过创建数据科学教育和培训的完整框架,构建数据科学专业的整体愿景,促进数据科学可持续发展教育模式和数据密集型技术的发展。该框架包括以下核心组成部分。

数据科学能力框架(CF-DS,Data Science Competence Framework):定义了数据科学领域所需的能力和技能。如图1所示。

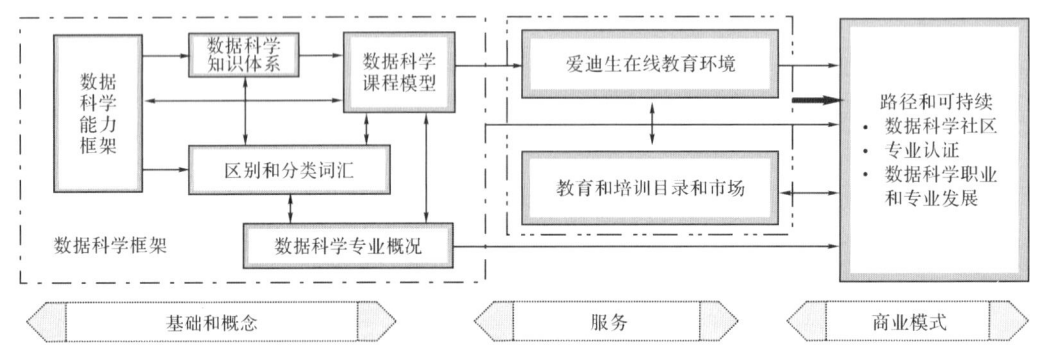

图1 爱迪生数据科学框架(CF-DS)

数据科学知识体系(DS-BoK,Data Science Body of Knowledge):涵盖了数据科学领域的核心知识领域和主题。

数据科学课程模型(MC-DS,Data Science Model Curriculum):提供了数据科学教育和培训的标准课程结构和内容。

数据科学专业概况(DSP概况):描述了数据科学专业的角色、职责和职业发展路径。

EDISON数据科学能力框架是基于现有的数据科学和ICT(Information and Communiction Technology,信息和通信技术)能力和技术框架,通过产业界和学术界对数据科学家的需求进行分析,结合现有标准、分类学和研究成果设计而成,包括数据科学家在整个职业生涯中的不同环境下顺利开展工作所需的常见能力。

(2)EDISON框架构建维度

数据科学能力框架CF-DS是按照四个维度构建的,类似于欧洲电子能力框架e-CFv3.0,这些维度包括:①能力组。将相关的个人能力归类为一组,以便于管理和理解。②个人能力定义。详细描述每项能力的具体内容和要求。③熟练程度。为每项能力设定不同的熟练水平,以反映掌握程度。④相应的知识和技能。指定与每项能力相关的知识主题和技能类型。在这个框架中,每个个人能力包括一组所需的知识主题和两组技能:a型技能(见图2)——与专业经验和主要能力相关的技能;b 型技能(见图 3)——与广泛的实用计算技能相关,包括使用编程语言、开发环境和基于云的平台。

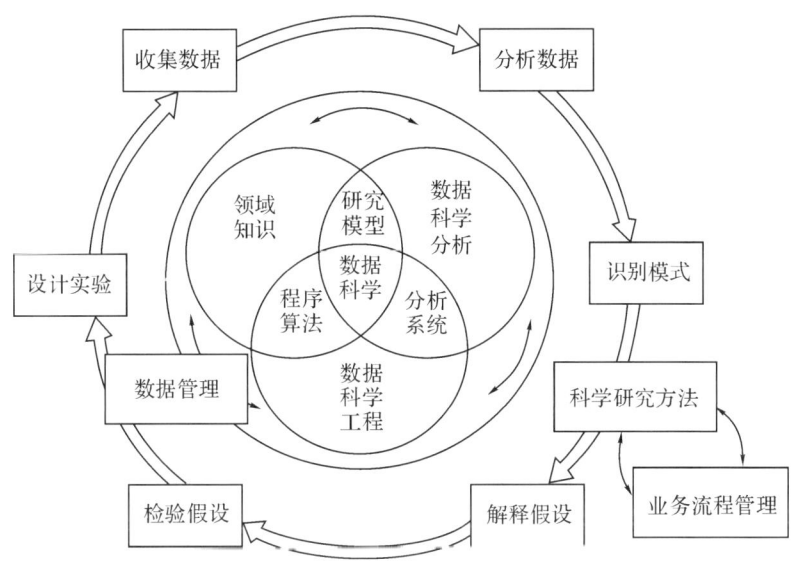

图 2 科学研究驱动的数据科学能力

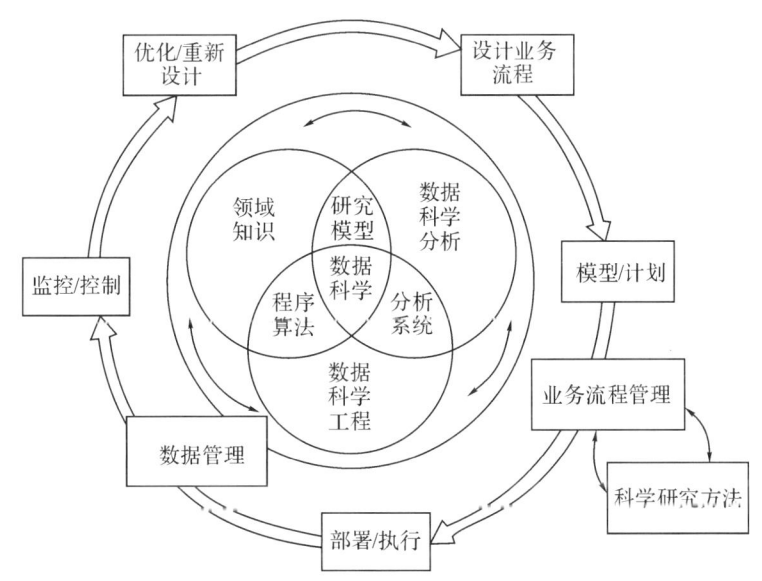

图 3 业务流程管理驱动的数据科学能力

CF-DS 的结构满足了基于能力的课程设计。在设计一套完整课程时,能力可以根据专业概况和目标学习者群体来进行组合与定义。同时,也可以根据能力基准进行量身定制的培训,以解决已确定的能力和知识差距,从而提高数据科学教育和培训的针对性和有效性。

(3)EDISON 框架基本能力

EDISON 项目的研究揭示了数据科学家需要掌握的五组基本能力。

数据科学分析：包括统计分析、机器学习、数据挖掘、商业分析等；

数据科学工程：涉及软件和应用工程、数据仓库、大数据基础设施和工具；

领域知识和专业技能：数据科学家需要具备相关领域的知识和专业技能，以便更好地理解和解决特定领域的问题；

数据管理和治理：包括数据管理、内容管理和保存，确保数据的质量和安全；

研究方法和业务流程管理：这被称为"元能力组"，涵盖了数据密集型科研范式和业务流程管理。

在研究方法方面，数据科学家必须掌握数据驱动的科学方法和研究周期，包括定义研究问题、设计实验、收集数据、分析数据、识别模式、解释假设、验证假设、优化模型等，以支持数据驱动的新发现。在业务流程管理方面，数据科学家需要采用新的数据驱动的敏捷业务模式，特别是连续数据驱动的业务流程改进。这包括定义业务目标、设计业务流程、模型/计划、部署和执行、监控和控制、优化和重新设计等环节，以实现最佳的资源分配和快速响应市场需求。

（4）EDISON框架的两组技能

个人技能，也被称为"软"技能或专业态度技能，在现代数据驱动和未来工业4.0经济中变得越来越重要。CF-DS定义了两组技能，这两组技能是雇主要求的，也是数据科学家在现代数据驱动的敏捷公司中有效工作所需的。"数据科学专业技能和态度技能"（见表1），定义了一种特殊的心态，由实践数据科学家在他们的职业发展过程中发展。"21世纪技能"（见表2），是一套工作技能，包括批判性思维、沟通、协作、组织意识、道德和其他。EDISON框架呼吁大学教育中应注意发展这些相关技能，将其纳入课程或课外活动中去。

表1　数据科学专业技能和态度技能[7]

技能 ID	数据科学专业技能和态度技能：像数据科学家一样思考和行动
DSPS01	准备好迭代开发，知道何时停止，接受失败，接受结果的对称性
DSPS02	问正确的问题
DSPS03	认识到什么是重要的，什么是不重要的
DSPS04	尊重数据科学领域的专业知识
DSPS05	数据驱动的问题解决者和影响驱动的心态
DSPS06	认识到数据的价值，处理原始数据，锻炼良好的数据直觉
DSPS07	良好的指标意识，理解结果验证的重要性，从不停止查看单个示例
DSPS08	了解主要机器学习和数据分析算法和工具的功能和局限性
DSPS09	了解大多数数据分析算法是基于统计和概率的
DSPS10	在敏捷环境中工作并与其他角色和团队成员协调
DSPS11	在多学科团队中工作，能够与领域主题专家沟通
DSPS12	积极接受在线学习，不断利用专业网络和社区提高知识

表 2 21世纪技能[7]

技能 ID	21世纪技能:批判性思维、沟通、协作、组织意识、态度等
SK21C01	批判性思维:展示运用批判性思维技能解决问题并做出有效决策的能力
SK21C02	沟通:理解和交流想法
SK21C03	协作:与他人合作,欣赏多元文化差异
SK21C04	创造性和态度:提供高质量的工作,关注最终结果
SK21C05	计划和组织:计划和优先安排工作,有效地管理时间,完成分配的任务
SK21C06	商业基础:对组织和行业有基本的了解
SK21C07	以顾客为中心:积极寻找识别市场需求和满足客户需求的方法
SK21C08	使用工具和技术:选择、使用和维护工具和技术以促进工作活动
SK21C09	动态的自我培训:作为雇主和雇员之间的共同责任,持续监控个人知识和技能
SK21C10	专业网络:参与专业网络活动并作出贡献
SK21C11	道德:坚持高度的道德和专业规范,负责任地使用电力数据驱动技术

(二)DECF数字化工程能力框架

1. 项目背景

在当前全球挑战、动态威胁、技术快速发展以及运行系统寿命不断延长的背景下,数字化转型正在从根本上改变政府机构的采购和工程执行方式。随着美国向数字工程(Digital Engineering,简称为 DE)过渡,美国国防部迫切需要发展和维护一支精通数字工程模型、方法和工具,并且能够理解采购生命周期中的数字工件的采买队伍。数字工程更新了系统工程实践,充分利用了计算、可视化和通信的数字力量,以在整个生命周期中采取更好、更快的行动。因为数字工程将深刻影响工程师和采购人员的工作执行方式,所以美国国防部必须继续有效地实践系统工程,为成功地采购和维护提供最佳优势。

美国国防部对数字工程的愿景是使国防部设计、开发、交付、操作和维护系统的方式现代化,同时继续有效地实践系统工程。为此,美国国防部发布了一份数字工程战略,概述了向数字化工程和采办方法过渡的五个目标:(1)将模型的开发、集成和使用形式化,为企业和项目决策提供信息;(2)提供一个持久的、权威的数据来源;(3)结合技术创新提高工程实践水平;(4)建立基础设施和环境,以执行活动、协作和沟通;(5)转变企业文化和员工队伍,在整个生命周期中采用数字工程。基于这几个目标,美国国防部采办人员明确了新的能力模型,并围绕这些能力开展适当的教育和培训。因此,美国国防部于2019年要求系统工程研究中心制定数字化工程能力框架(Digital Engineering Competency Framework,简称为 DECF),以指导和支持数字工程实践的发展和实施。[8]

2. 项目目标与实施阶段

系统工程研究中心首先对数字化工程能力框架将要达到的具体目标进行了定义:(1)定义实施数字工程方法所需的关键知识、技能、能力和行为(胜任力);(2)强调美国国防部采办人员最关键的能力,特别是工程采办人员和其他采办领域人员,这些领域将最大程度地受到数字工程的影响;(3)为采办人员在预期的数字环境中具有适当的工作能力提供基础。基于上述目标,数字化工程能力框架项目进展可划分为以下两个阶段。

能力框架的开发阶段:在这一阶段,系统工程研究中心负责定义和构建数字化工程能力框架,为美国国防部采办人员,特别是工程采办人员提供明确的指导,以提供个人在数字环境中获取所需技能的全面概述。

能力框架的实施和应用阶段:在这一阶段,数字化工程能力框架将被应用于确保采办人员在预期的数字环境中具有适当的工作能力。包括制定相应的教育和培训计划,以及实施相应的评估和认证机制,以确保采办人员能够有效地应用数字工程方法和工具。

3. 框架详情

(1)框架整体结构

数字化工程能力框架的总体结构包括能力组、能力、能力的熟练程度以及 KSAB,即知识(knowledge)、技能(skill)、能力(ability)和行为(behavior)。

能力组:代表数字工程专业知识核心领域的相关能力的定级分组。

能力:相关 KSAB 的主要分组。每个能力都由其标题确定,并包含与该能力相关的一般知识和技能的简要描述。

能力的熟练程度:对于每个能力,将有五个熟练程度水平,分为入门、初级、中级、高级、专家。

KSAB:与某个能力以及该能力中的特定熟练程度水平相关的知识、技能、能力、行为的简短陈述。

(2)能力组以及能力部分介绍

在最新的版本(DECF v. 1.1)中,框架定义了 5 个胜任力组、9 个胜任力子组和 31 个胜任力(包括 6 个基础数字胜任力)。在后续介绍中,将对 31 个胜任力拆分为 25 个胜任力加 6 个基础数字胜任力,并对 6 个基础数字胜任力单独介绍。

1)5 大胜任力组

DECF 确定了 5 个能力组(见表 3),能力组为个人能力提供了一个逻辑结构,使得 DECF 更容易被用户理解和使用。

表 3 五大胜任力组[8]

	能力	能力描述
G1	数据工程 (Data Engineering)	包括数据治理和数据管理,包含基于模型的流程,以确保对数字企业中的数据资产进行正式管理。
G2	建模与仿真 (Modeling and Simulation)	指创建和分析物理模型的数字原型的一种过程。在这个过程中,可以预测该模型在现实世界中的性能,可以帮助工程师分析系统组件可以承受什么样的负载。
G3	数字工程和分析 (Digital Engineering and Analysis)	包括系统工程和工程管理,其可以充分利用计算和通信的数字力量,在整个国防系统生命周期中采取更好、更快的行动。
G4	系统软件 (Systems Software)	指运用各种软件或编码语言来创建、支持和维护应用程序。
G5	数字企业环境 (Digital Enterprise Environment)	指包括硬件和软件两方面数字工程环境的开发。其用于管理、沟通和规划,使员工能够采用适当的基于模型的工具和方法、技术和流程,以运行数字企业环境系统,确保企业的转型过程既有速度、质量,还有安全性。

2)9 个胜任力子组以及 25 个胜任力

框架进一步将 5 大能力组分解为 9 个能力子组和 31 个胜任力(包括 6 个基础数字胜任力),这 6 个基础数字胜任力将在后续详细介绍。能力层次结构包括能力组(G#)、子组(S#)和个人能力(C#)。在适当的地方,能力组被分为子组,子组包含相关的类似能力(见表 4)。能力层次结构为个人能力提供了一个逻辑结构,使用户更容易理解和使用框架。层次结构概述了在数字工程环境中提供价值所需的所有技能,而不考虑具体的角色。

表 4　9 个胜任力子组以及 25 个胜任力[8]

G1	数据工程		
S1	数据工程(Data Engineering)	C1	数据治理
		C2	数据管理
G2	建模与仿真		
S2	建模与仿真(Modeling and Simulation)	C3	建模
		C4	仿真
		C5	人工智能/机器学习
		C6	数据可视化
		C7	数据分析
G3	数字工程和分析		
S3	数字系统工程(Digital Systems Engineering)	C8	数字设计
		C9	数字化需求建模
		C10	数字有效性与验证
		C11	基于模型的系统工程过程
		C12	基于数字模型的评论
S4	工程管理(Engineering Management)	C13	项目和计划管理
		C14	组织发展
		C15	数字工程政策与指导
		C16	配置管理
G4	系统软件		
S5	系统软件(Systems Software)	C17	软件建设
		C18	软件工程
G5	数字化企业环境		
S6	数字化企业环境建设(Digital Enterprise Environment Development)	C19	数字环境发展
S7	数字化企业环境管理(Digital Enterprise Environment Management)	C20	管理
		C21	沟通
		C22	计划
S8	数字化企业环境运营与支持(Digital Enterprise Environment Operations and Support)	C23	数字环境运营
		C24	数字环境支持
S9	数字企业环境安全(Digital Enterprise Environment Security)	C25	数字环境安全

3)6个基础数字胜任力

框架涵盖了完成数字工程的核心方面,同时还有许多其他数字能力可以被认为是发展数字劳动力的核心,也支撑着 DECF。对于各种一般胜任力,这些能力没有直接添加到 DECF 中,因为它们更通用。尽管如此,这些一般胜任力也应该包括在数字工程劳动力的整体发展中。具体介绍如表 5 所示。

表 5　6 个基础数字胜任力[8]

F1	数字素养（Digital Literacy）	指在日益依赖数字技术进行沟通和信息获取的社会中,个体生活、学习和工作所需的超越了功能性的 IT 技能。
F2	数字工程价值主张（Digital Engineering Value Proposition）	主张要去理解为什么样的数字工程提供价值,以及数字工程期望提供哪些具体价值。
F3	国防部政策/指导（DoD Policy/Guidance）	个人需要了解国防部有关数字工程的政策,以及如何在数字环境中进行操作。
F4	辅导和指导（Coaching and Mentoring）	主要关注在系统建模和分析方面资深的初级在职人员的顾问。
F5	决策（Decision Making）	指在数字环境中使用各种数据运用分析工具和技术做出恰当决策的能力。
F6	软件素养（Software Literacy）	既包括简单的操作,还包括在追求特定学习和职业目标的过程中,理解、应用、解决问题、创新和评估软件的能力。

(3)能力的熟练程度介绍

能力的熟练程度是指个人达到的能力水平。在熟练程度领域,每个能力被分解为与每个能力的熟练程度相关的 KSAB。不是每个人都能完全获得所有的能力。必须评估每个人的熟练程度,以了解员工在数字工程方面的真实状况。在最新版本中,熟练程度划分如表 6 所示。

表 6　能力的熟练程度[8]

		0	1	2	3	4	5
熟练程度		/	有一定意识的(入门)	基本知识（初级）	通识（中级）	先进的详细知识(高级)	专业知识（某一领域专家）
定义	运用能力难易程度		最简单	有些困难	困难	相当困难	非常困难
	需要指导的程度	/	密切和广泛的指导	经常的指导	偶尔需要指导	很少或不需要指导	为他人提供建议与指导
	对概念和流程的熟悉程度		基础认识	较为熟悉	十分理解	广泛理解	全面而专业的理解

(4)KSAB 介绍

KSAB,即知识(knowledge)、技能(skill)、能力(ability)和行为(behavior)。在最新版本的框架中包含 962 个 KSAB。每一个都代表了一个独特而重要的方面,这将使成功的数字化转型和富有成效的数字工程实践成为可能。按能力范畴及各自的熟练程度划分,这些 KSAB 的分布如表 7 所示。

表 7 KSAB 的分布[8]

胜任力组	胜任力	KSAB 总数	熟练程度				
			入门	初级	中级	高级	专业
G1 数据工程	C1 数据治理	48	3	11	7	14	13
	C2 数据管理	30	2	7	1	14	6
G2 建模与仿真	C3 建模	47	2	5	12	17	11
	C4 仿真	122	11	25	36	35	15
	C5 人工智能/机器学习	56	8	8	16	16	8
	C6 数据可视化	32	2	19	8	3	0
	C7 数据分析	22	2	4	12	2	2
G3 数字工程和分析	C8 数字设计	55	3	14	18	18	2
	C9 数字化需求建模	25	1	3	15	4	1
	C10 数字有效性与验证	13	2	2	6	3	0
	C11 基于模型的系统工程过程	108	11	33	17	35	12
	C12 基于数字模型的评论	15	2	1	6	5	1
	C13 项目和计划管理	42	2	18	12	7	3
	C14 组织发展	18	1	2	1	4	10
	C15 数字工程政策与指导	23	1	3	2	7	10
	C16 配置管理	19	1	3	5	8	2
G4 系统软件	C17 软件建设	18	1	8	3	5	1
	C18 软件工程	47	3	5	5	24	10
	C19 数字环境发展	47	1	15	3	15	13
G5 数字化企业环境	C20 管理	28	2	2	1	10	13
	C21 沟通	12	1	2	1	3	5
	C22 计划	11	1	2	2	3	3
	C23 数字环境运营	27	3	4	8	10	2
	C24 数字环境支持	42	6	2	7	16	11
	C25 数字环境安全	56	2	5	12	22	15

每个能力中的知识、技能、能力和行为(KSAB)都是专门针对数字工程的。因此,一个更广泛的能力领域,如通信,在数量上与数字工程相关方面的 KSAB 相对较少,

而在一个特定的领域,如基于模型的系统工程过程,与数字工程有着内在的联系,因此具有许多相关的 KSAB。

(三)总结与比较

"爱迪生数据科学框架"从能力组、个人能力定义、熟练程度、相应的知识和技能等四个维度进行了构建。在这个框架中,每个个人能力包括一组所需的知识主题和两组技能,这使得该框架可以灵活应用,以满足基于不同细化能力要求的课程设计与培训,进而提高了数据科学教育的针对性和有效性。此外,该框架还定义了两组适应当今从业者要求的软技能,即数据科学专业技能和态度技能,以及 21 世纪技能,这也充分体现了该框架在重视个人数字素养与技能培养的同时,也关注所学数字技能与现实世界的联结,对不同受众在不同场景中应用数字化技能进行了充分考虑。

尽管"数字化工程能力框架"的服务对象是美国国防部,但由于数据是从美国国防部之外收集的,因此,该框架的结构可以为任何需要了解并实施数字工程所需技能的个人或组织提供一定的借鉴。此外,该框架是作为一个能力框架而非能力模型建立的,这意味着每个组织可以不同的方式实施该框架。不同的机构和组织具有完全不同的功能和劳动力需求,可以从框架中选择被认为对其业务或工作流程必要的 KSAB 来定制其特定的能力模型。因此,该框架能够更加灵活地作为各种机构和组织制定人才的数字化能力标准提供参考。

可以看出,两个框架的制定既有其共性存在,也有其独特性。"爱迪生数据科学框架"提出的目的是通过建立专业的课程体系来培养数据科学家,"数字化工程能力框架"是为了培养具有数字素养的采购队伍从而更好地为美国国防部服务。在制定能力框架的过程中,两者都定义了所需的能力组以及相应的熟练程度,并且两者都提出了框架所需的基本能力,但"爱迪生数据科学框架"更关注相应能力与数字技能的匹配,"数字化工程能力框架"重点在于对数字能力整体的垂直细化,这种区别也反映了两种框架制定目的的不同。

三、启示和建议

(一)积极学习国外先进经验,构建本土工程师数字化能力框架

借鉴欧盟经验,构建与我国高等教育适配的数字化能力框架,对于探索培养高层次数字技能工程师的实践路径,提升卓越工程师的数字素养与技能,以及推动我国工业化转型具有重要意义。在理论层面,我国应积极明确本土化数字化能力框架的关键能力要素,尽可能涵盖大环境下所需要的所有数字化关键能力。在实践层面,我国应积极学习国外先进经验,并在实践中验证和更新数字化能力框架,根据用户体验反馈和实践评估结果,持续更新和完善数字化能力框架。

同时,构建工程师数字化能力框架需要配套的数字化能力量表,为工程师提供终身学习能力技能清单。[9]创新设计本土化工程师数字化能力自评量表,有助于工程师明确自己应掌握的技能与知识结构,根据技术环境需求不断提升自身素质能力,完善职业发展道路,不会因为时代环境的转变而无所适从,在增强卓越工程师数字化能力的同时培养其实践的目标指向。

(二)明确工程师数字化能力需求,加强理论和实践培养

当前,我国正处于产业数字化转型的关键阶段,迫切需要更多掌握数字化能力的卓越工程师。由于工程实践中遇到的实际问

题往往具有不确定性和突发性,所以对工程师人才的能力提出了多方面的高要求。因此,高校需要明确数字化转型中人才培养的独特优势和潜在不足,梳理人才培养链条,探索以数字化能力建构为导向的前瞻性人才培养模式。[10]

在理论层面,可以参照数字化能力框架,明确不同岗位的工程师数字能力需求,有针对性、科学性地加强工科学生数字化能力培养。在实践层面,促进工科专业学生在掌握独立观察、判断和科学分析的方法同时能够综合运用多种数字化能力处理复杂多变的实际问题,抓住主要矛盾,以合理、经济、简便的方式来解决工程技术问题,使他们真正成为企业需要的合格工程人才。

(三)发展以数字化能力为导向的人才培养模式,完善数字素养体系

针对我国工科人才面临的数字素养与技能教育不足的问题,应更加重视以数字化能力培养为主线的人才培养方案规划。在专业与课程改革上,以提高卓越工程师的数字化能力为培养目标[11],构建相应的人才培养模式。在明确数字化能力培养导向内涵和目标的前提下,逐步完善工科人才的数字素养体系,并从师资、教学内容、教学模式、实践教学和考核环节等方面系统开展数字化能力的培养。根据工科大学生的基础和教学条件等实际情况,统一部署、系统构建数字化能力培养体系。

具体来说,一方面在显性教育中,高校可以加强对工科学生的通识性数字素养教育,可根据高校数字化的教学资源和基础设施,并结合工程人才培养的能力需求,设置恰当的必修或选修形式的数字化讲座或课程。另一方面在隐性教育中,高校可以通过建设数字化校园,将数字化渗透到全体学生学习和生活的各个方面,从而在学校内形成浓厚的数字化氛围,间接提高工科学生的数字素养能力提升意识。

参考文献

[1] 中国政府网.关于印发"十四五"数字经济发展规划的通知[EB/OL].(2022-01-12)[2024-01-12]. https://www.gov.cn/zhengce/content/2022-01/12/content_5667817.htm.

[2] 钱秋兰,肖颖.数字经济赋能双循环新发展格局:机理、困境与实现路径[J].福建轻纺,2023(11):43-48.

[3] 陈卓.数字经济视域下高校数字人才培养主题识别研究[J].江苏科技信息,2023,40(23):18-22.

[4] 朝乐门,邢春晓,张勇.数据科学研究的现状与趋势[J].计算机科学,2018,45(1):1-13.

[5] 魏丽.数字化赋能制造企业服务化转型的理论机制、现实障碍及政策建议[J].中国物价,2023(11):102-105.

[6] 秦小燕,初景利.国外数据科学家能力体系研究现状与启示[J].图书情报工作,2017,61(23):40-50.

[7] EDISON. EDISON Data Science Framework: Part 1. Data Science Competence Framework (CF-DS), Release 1[R/OL].(2017-05-15)[2024-01-12]. http://edison-project.eu/data-science-competence-framework-ef-ds.

[8] Systems Engineering Research Center. SERC-2021-TR-005: WRT-1006 Technical Report: Developing the Digital Engineering Competency Framework (DECF)-Phase 2 [R/OL].(2021-03-23)[2024-01-12]. https://sercuarc.org/serc-programs-projects/project/86.

[9] 周珂,赵志毅,李虹."学科交叉、产教融合"工程能力培养模式探索[J].高等工程教育研究,2019(3):33-39.

[10] 李阳,潘海生.欧盟数字能力融入职业教育的行动逻辑与改革路向[J].比较教育研究,2022,44(10):76-85.

[11] 刘姣娣,许洪振,袁昌富.面向卓越工程师数字化设计能力培养现状与对策研究[J].教育教学论坛,2018(18):215-216.

The Enlightenment of the Foreign Digital Capability Framework to the Training of Exceptional Engineers in China

Huang Zhaoqingcheng, Fan Yuxi, Fan Huiming, Liu Kaizhen

Abstract: Currently, major countries around the world are actively promoting the digital transformation of industries. To support the construction of a modern industrial system, it is imperative to cultivate a batch of outstanding engineers who can both adapt to and lead the digital transformation of industries. Future outstanding engineers need to not only master knowledge in their professional fields but also utilize digital technologies to drive the transformation and upgrading of industries, becoming interdisciplinary, innovative engineers with both professional and digital capabilities. Therefore, the cultivation of digital capabilities is key to the training of future outstanding engineers. This paper analyzes two foreign frameworks for the digital capabilities of engineers, summarizing the lessons that can be learned, and, in the light of the current state of engineering education in China, explores feasible paths for the construction and training of a framework for the digital capabilities of outstanding engineers in China. This is of great significance for promoting the digital transformation of Chinese engineers and enhancing the overall competitiveness of Chinese engineers.

Key words: Excellent Engineers; Digital Capability; Engineer Training Mode

"Information +" as the Core of the Emerging Engineering Education: On the Strategic Choice of Engineering Development in Universities

以"信息+"为核心的新工科
——高校工科发展战略选择浅见[①]

| 杨 珪 |　| 戴 睿 |　| 张鲜元 |

【摘　要】　当前科学技术迅速发展,带来经济社会的剧烈变化,高校工科在新时代中被赋予越来越多的期望。文中审视了科技革命和高校工程教育的历史,观察了当今时代的发展动向,认为我国高校工科发展,应将信息相关学科作为高校重要发展方向之一,全力加强信息相关学科的建设,顺应信息化、数字化的历史潮流,为工科及高校发展提供强有力的基础;发展以"信息+"为核心的新工科,以问题为导向,重点布局智能制造和绿色生产,解决实际工程问题、响应产业需求,与其他学科加强融合发展,在响应国家与社会需求的过程中,提升工科整体实力;以"信息+"为引擎,发挥信息科学的工具作用,把信息素养作为人才培养的基本要求,把信息思维和手段作为全校研究人员的基本工具,重塑高校的人才培养体系和提升全校的科研能力和水平,推动学科交叉融合发展,支撑高校一流学科体系建设,提升高校整体发展水平。

【关键词】　高校;工科;战略;信息+;工程教育

[①] 本文系 2021 年度四川大学党政服务管理项目"科技革命和工程教育史视阈下的四川大学工科发展研究"(批准号:2021DZYJ-29)的阶段性成果。
作者简介:杨珪,四川大学发展规划处,助理研究员;戴睿,四川大学发展规划处,助理研究员;张鲜元,四川大学发展规划处,副教授。
特别说明:本文很多地方其实是集体智慧的产物,但鉴于多种原因,仅署部分作者名。

一、引言

高校发展工科是顺应科技革命的必然趋势，服务国家重大战略需求的历史担当，实现内涵发展的必然选择。当前以大数据、人工智能为代表的信息科学正如火如荼推动科学技术迅速发展。强大的工业体系和工业能力是我国迈入社会主义现代化工业强国的重要基础，我国在现代国家竞争中长期遭遇到西方国家主导的技术封锁，工业强国的道路上还存在许多"卡脖子"关键问题，而绝大多数"卡脖子"关键问题需要工科来解决。在我国高校中工科学生规模占三分之一以上，工科是高校响应国家社会重大需求、科学研究服务现实社会的主要阵地。工科在引导理科研究向工程应用方向前进（半步）、促进医科（医学＋）发展、推动文科研究范式变革等方面具有重要的作用。工科在促进高校整体水平提高中发展自己，是支撑国家一流学科体系建设的重要力量。发展工科是相关高校的必然选择。

目前高等教育学科结构与产业的适应研究[1-2]认为学科没有很好地匹配新兴产业的发展，高教专业结构与产业结构存在错位与滞后现象。[3-4]林健[5]等学者认为传统工科专业需要转型升级，他[6]认为新工业革命对传统工程学科的影响主要源于两方面因素：一是通过信息技术和人工智能对传统工程学科渗透和融合；二是工业一体化促使传统工程学科整合和重组。彭静雯[7]提出，工程教育改革的破解点在于对科学规训藩篱的突围，强调学科间的交叉渗透。目前关于工科学科从各学科领域出发的研究则较多，如《中国学科发展战略》丛书[8]，而关于工科整体发展方向的研究较少，多是从"新工科"切入，更多关注人才培养的改革[9]。总体而言，工科学科发展的研究在中观和微观的层面有较好的研究，但缺乏整体层面的论述，尤其在现在科技发展日新月异的局面下，对发展方向的整体把握非常有助于工科发展战略的选择。

二、信息技术革命正深刻改变着当代的生产方式和社会组织形式

在过去500年里，世界上先后大约发生了三次科技革命。[10]如果说第一、二次科技革命起源于行业和公司，第三次科技革命则主要是大学推动的，无论核能还是计算机都是如此。

而当今一些重要科技领域已显现出革命性突破的先兆，新技术革命和产业革命初现端倪，世界正处于新一轮科技革命的拂晓[11-13]，是为第四次科技革命。有的观点认为第四次科技革命可能是一次新生物学、物质科学革命[14-15]，也有观点认为其是利用信息化技术促进产业变革的时代，也就是信息或者智能时代[16]。

前两次科技革命都带来了生产方式的变革，并重新塑造了全球经济社会形式。而第三次科技革命虽然涌现了大量科学技术，有学者[17-18]认为有三个浪潮，但到目前为止并没有带来生产方式的巨大变革。也因此有学者认为第四次科技革命的提法不成立，事实只是第三次科技革命中的电子信息技术转入拓展期[19-21]，以互联网、人工智能为代表的技术开始进入对生产方式、社会组织形式带来变革的时期。

归根结底，科技革命的本质就是生产力的跨越式提高。而大幅度提升生产力的途径大致可以分为两类：一是提升动力水平，第一、二次科技革命正是能源动力驱动生产力提升，目前人造太阳是人类在解决能源问题终极方案上的探索。二是提高资源配置效率，前两次科技革命以交通和信息在全球范围内实现了大规模的资源配置，推动了全

球化进程,第三次科技革命以电子信息技术为核心实现了生产方式自动化,并已转入技术拓展期,资源配置更加精准,目前互联网技术对生产方式、社会组织形式正带来巨大的变革。

综观三次科技革命,发源地从单一走向多源,助推科技革命的主角从以技术改良为目标的生产部门转变为以实现国家意志为目标的科研机构,大学在第三次科技革命中作出了前所未有、不可替代的贡献,并持续在科学理论创新和生产技术变革等方面发挥着引擎作用。支撑科技革命的科学理论由个别学科的重大突破走向多学科协同创新,科技革命的标志性成果呈现多点开花,人类生产方式实现了从机械化到电气化、再到自动化的转变,并向智能化发展。当前,新一轮科技革命和产业变革深入发展,呈现出多点突破、深度融合的态势,一些重要科技领域已显现出革命性突破的先兆。

三、信息数字科学成为整合和推动高等教育学科发展的重要力量

大学的工程教育以1747年巴黎公路桥梁学院为起点,大体上可以划分为三个阶段:20世纪以前,工程教育等同于技术教育;第二次世界大战前后,工程教育混同于科学教育,逐渐脱离工程实践;20世纪80年代以后,工程教育由科学回归工程。从麻省理工学院首次提出"回归工程"的新理念开始[22],以美国为代表的西方国家开展了以"大工程背景下的工程教育"为主要内容的改革,呈现四大特征:即以问题为中心、以实践为旨趣、以培养工程师为目标、以科研为先导。美国大学的工程教育改革,主要采用以学生为中心的教学模式改革,在实践教学模式上推行工业—大学合作研究中心计划和合作教育,建立社区学院与四年制大学的衔接机制,建立工程教育联盟改革机制。[23]德国大学的工程教育改革,主要是采用产学结合的模式,并将产学结合的途径确定为师资队伍方面教师与工程师相结合的双师型模式以及校方与企业共同开展研究。[24]

我国工程教育起始于洋务运动,民国时期得到一定发展,但办学规模较小,门类不全。中华人民共和国成立以后,高等工程教育发展迅速,大致分为两个阶段:中华人民共和国成立后全面学习苏联、采用工程专才模式,工程教育服务于工业建设的需要;20世纪90年代中后期,工程教育逐步走向科学化发展,以厚基础、宽专业为导向,实施了以学科为中心的工程教育体制改革。[2] 2013年《华盛顿协议》全会一致通过接纳中国为签约成员,我国高等工程教育获得了世界认可。

从全球的发展和我国的历史经验来看,工程教育的发展和科学技术的发展密切相关,初期科学技术很快进入大学体制,在后期大学推动着科技的发展。产业发展推动工程教育,但工程教育落后于社会需求。工程教育进入学术体制后就按照自己的权力意志发展,逐渐与现实工程脱节,引发工程教育内部的调整。其中,二战、冷战等政治社会重大事件对工科的发展影响巨大。

工程教育的发展轨迹在高校院系设置中留下了印痕,从麻省理工学院(MIT)、哥伦比亚大学、斯坦福大学、卡内基梅隆大学、东京大学、南洋理工大学等知名高校工科相关院系设置演变来看,工科发展与产业、科技的发展关系非常密切。各高校对工科院系设置路径不同,但总体趋势是:

(1)土木建筑与规划、环境生态等走向融合;

(2)采矿冶金等逐步扩展为材料学科;

(3)化工走向深化和交叉,与生物技术、制药工程深度融合;

(4)机械逐步发展到精密智能制造;

（5）电气发展出电子及信息科学；

（6）信息科学、数字科学等成为整合和推动其他学科发展的重要力量。

另外，各高校对于院系设置，基本采用了学科集群化发展的思路，保持了研究力量的相对集中，而技术和研究方向的调整主要通过设立研究中心和研究项目来实现。而其中，信息数字科学在近年的发展中表现尤其突出。

四、发展以"信息＋"为核心的新工科是工科的未来发展方向

科技与产业革命的方向和国家战略的需求，是高校工科发展的重要契机，也就是高校工科未来的发展趋势。

（一）科技与产业革命的方向

对接下来的科技产业革命会是什么样的，目前学界并没有一个较为明确且被广泛认可的表述，当今关于未来科技和产业未来发展方向的表述主要有德国的"工业4.0"，以及联合国计划开发署的"发展4.0"。德国学术界和产业界认为，"工业4.0"概念即是以智能制造为主导的第四次工业革命，或革命性的生产方法。工业互联网将我们带到了第四次工业革命的门口。联合国计划开发署提出工业革命4.0时代的主要特征是人工智能、物联网、3D打印和机器人等技术与生产领域的融合。[25-26] 两者都认为人工智能将对人类的生产生活带来巨大的影响。

（二）全球相关国家战略

虽然学术上对产业革命有不同看法，但全球一些主要的工业国家已经积极推动了与新一轮产业革命相关的国家战略（见表1），努力使国家民族走在时代发展的潮头。

表1 全球主要国家工业互联网发展规划

国家	发展战略
美国	先进制造业国家战略计划（2012） 美国制造业创新网络计划（2013，2016年更为 Manufacturing USA） 国家制造业创新网络计划年度报告与战略规划（2016），将ICT和制造业的基础研究与创新领先优势，转化为美国的本土制造能力和产品。
德国	"工业4.0"（2013），建设多个高端智慧工厂。
法国	新工业法国（2013），推出无人驾驶汽车、机器人、新式高铁等34个优先项目，主攻方向不明确。 新工业法国Ⅱ（2015）优化总体布局，标志着法国"再工业化"开始全面学习德国工业4.0。
日本	制造白皮书（2013），发展机器人、新能源汽车、3D打印、再生医学 2015年版制造白皮书（2016），日本制造业要积极发挥IT作用，转型为利用大数据的"下一代"制造业。
英国	英国制造2050（2015），推进制造和服务融合，提升高技术工人数量。
中国	中国制造2025（2015），三个阶段，十大领域。

资料来源：前瞻产业研究院。根据杜明芳：工业4.0时代AI＋智慧建筑应用场景研究报告（2018）[R/OL].（2018-02-11）[2023-12-01]. http://mt.sohu.com/20180211/n530748030.shtml 整理。

(三)国家与地方的发展趋势与需求

2021年,习近平总书记指出,科技攻关要在高端芯片、工业软件等方面关键核心技术上全力攻坚,要在事关发展全局和国家安全的基础核心领域,瞄准人工智能、量子信息、集成电路、先进制造、脑科学等前沿领域,前瞻部署一批战略性、储备性技术研究项目,瞄准未来科技和产业发展的制高点。[27]

根据国家及领域的中长期发展规划,我国产业发展所急需的核心技术,很多都需要融入成熟的信息技术。从《中国制造2025》布局十个重点领域、《"十四五"智能制造发展规划》加强十大重点任务、国家"十四五"规划提出的发展目标来看,信息化、数字化、智能制造、绿色发展、生命健康等领域是今后一段时间发展的重点方向。在这些领域还有不少亟须解决的问题,迫切需要学科的融合发展。

(四)行业与社会需求

目前最新版《国民经济行业分类》还在征求意见。2017版国民经济行业分类[28]较2011版主要差别在对大量工业制造行业进一步细分,主要涉及:传统产业(制造、土木、工矿)的信息化升级、智能化改造;物流仓储服务;数据信息服务等领域。2021年5月,国家统计局发布了《数字经济及其核心产业统计分类(2021)》,数字经济领域在迅速向纵深发展。《中华人民共和国职业分类大典(2022)》与2015年版相比,增加了数字技术工程技术人员等15个小类,碳汇计量评估师等155个职业,并首次标注了数字职业97个。[29]

从近年《麦可思研究院历年中国大学生就业报告》来看,需求增长的专业主要集中在网络、软件、通信、信息、电子电气、物联网等方向,详见表2。另从宝钢①、一汽②等近期的招聘岗位要求来看,信息科学人才的需求非常突出,信息科学人才已作为这些企业发展的重要动力。传统产业升级与改造,信息化、数字化、智能制造等方向工科人才需求旺盛。

(五)小结:以"信息+"为核心的新工科是高校工科发展的必然选择

从全球主要国家发展战略和重点发展的核心技术和方向看:

(1)信息产业渗透融合到各个行业;

(2)信息产业趋于服务化、平台化、融合化;

(3)信息产业推动其他行业技术进步和产业发展。

《"十四五"智能制造发展规划(征求意见稿)》指出,随着全球新一轮科技革命和产业变革深入发展,新一代信息技术、生物技术、新材料技术、新能源技术等不断突破,并与先进制造技术加速融合,为制造业高端化、智能化、绿色化发展提供了历史机遇。[30]同时,国际环境日趋复杂,全球科技和产业竞争更趋激烈,大国战略博弈进一步聚焦制造业,其发展战略均以智能制造[31]为主要抓手,力图抢占全球制造业新一轮竞争制高点。

---

① 宝钢资源.宝钢资源(国际)2021校园招聘[EB/OL].(2021-07-01)[2023-10-20]. http://campus.51job.com/baosteelresources/. 2021.07.

② 中国一汽.招聘启事[EB/OL].(2021-07-01)[2023-10-20]. http://www.hotjob.cn/wt/FAW/web/index/campus?brandCode=100002.中国一汽.国内校园招聘岗位[EB/OL].(2021-07-06)[2023-10-20]. https://www.hotjob.cn/wt/FAW/wcb/tcmplct1000/index/corpwebPosition1000FAW!gotoPostListForAjax?positionType=&brandCode=100601&useForm=0&recruitType=1&showComp=true.

表 2 近年《麦可思研究院历年中国大学生就业报告》绿牌（需求增长型）专业统计

绿牌专业	2014	2015	2016	2017	2018	2019	2020	2021	2022	2023	累计次数
网络工程		√	√	√	√	√	√	√	√		8
软件工程		√	√	√	√	√	√	√			7
信息安全				√	√	√	√	√	√		6
电气工程及其自动化			√	√				√		√	5
通信工程		√	√	√	√	√					5
信息工程							√	√	√	√	4
数字媒体技术					√	√	√	√			4
数字媒体艺术				√	√	√	√				4
能源与动力工程									√	√	2
微电子科学与工程								√	√		2
物联网工程					√	√					2
广告学			√	√							2
车辆工程		√	√								2
建筑学	√	√									2
道路桥梁与渡河工程										√	1
机械电子工程										√	1
计算机科学与技术							√				1
审计学				√							1
建筑环境与设备工程					√						1
矿物加工工程					√						1
大气科学	√							+			1
港口航道与海岸工程	√										1
给水排水工程	√										1
金融工程	√										1
小学教育	√										1
学前教育	√										1
医学检验	√										1

数据来源：历年《麦可思研究院历年中国大学生就业报告》。

备注：绿牌专业指的是失业量较小，就业率、薪资和就业满意度综合较高的专业，为需求增长型专业。

总体而言，以信息化手段实现互联与物联，依靠人工智能以大数据推动科技和产业革命是今后较长一段时期的发展方向，无论是在生命健康医疗、工业生产、社会生活，甚至是政治生活中，数据带来的改变已初步呈现了出来。第四次工业革命要求现代人才具备更广泛的知识技能，因此高等教育各学科应充分利用新技术、新手段，加强跨学科融合，提高教育质量和效率，培养出更符合时代与社会发展需要的人才。因此在工科教育中发展以"信息+"为核心的新工科是高校工科发展的必然选择。

五、以"信息+"为核心的新工科建设思路

综合考虑时代发展潮流、国家社会需求,结合我国高校实际情况,建议高校工科发展整体思路如下:

一是夯实基础,将信息相关学科作为高校重要发展方向之一,加大资源投入,给予政策支持,全力加强高校信息相关学科的建设,顺应信息化、数字化的历史潮流,为工科及高校发展提供强有力的基础。

二是问题导向,在加强信息相关学科建设的同时,发展以"信息+"为核心的新工科,以问题为导向,重点布局智能制造和绿色生产,解决实际工程问题、响应产业需求,与其他学科加强融合发展,在响应国家与社会需求的过程中,提升工科整体实力。

三是工具导向,以"信息+"为引擎,发挥信息科学的工具作用,把信息素养作为人才培养的基本要求,把信息思维和手段作为全校研究人员的基本工具,重塑高校的人才培养体系和提升全校的科研能力和水平,推动学科交叉融合发展,支撑高校一流学科体系建设,提升高校整体发展水平。

(一)全面发展建设信息学科

高校信息学科建设需要实现以下三个方面目标:

(1)加强高校信息相关学科的建设,提升信息科学技术水平,投入新一代信息技术(新一代通信网络、物联网、高性能集成电路和高端软件等)研究。聚焦光电子与微电子器件及集成、底层数理算法与软件架构设计[32]深耕,实现重点突破,以点带面,提升整体水平。

(2)为"信息+"提供坚实的基础,通过在现实产业场景中解决实际问题,在与其他学科的交叉融合中带动高校的知识生产手段和知识生产方式的升级换代。

(3)为全校师生提供基本信息素养教育,把信息学科作为高校基础学科来建设,从工科学院开始,逐步扩展到理科、医科和文科。

(二)发展以"信息+"为核心的新工科

(1)面向经济社会主战场,大力发展智能制造。重点着眼于"信息+制造"的智能制造和"信息+工业管理与设计"的工业软件等领域。聚焦高端装备制造(精密制造机床、高端智能工程装备)、新材料(建设基因组大数据平台,研究特种功能、高性能复合材料等)新技术和新工艺、工业互联网(以网络为基础形成的包括平台、数据要素、企业和人在内的系统化模式)[33]等方向。

(2)面向未来,积极开展新能源与绿色发展研究。主要聚焦:节能环保,绿色生产(高效节能先进环保循环利用);新能源(核能、太阳能、风能和生物质能)和新能源汽车(插电式混合动力汽车、纯电动汽车等)。在清洁能源领域,在碳中和、绿色生产、环境保护领域做好相关研究,在服务社会的过程中深入推动清洁能源、绿色生产、环境保护学科的建设。

(三)以"信息+"为核心的新工科推动高校一流学科体系建设

信息科学为科学研究与社会服务提供数字化、信息化、智能化手段,在科学研究与社会服务过程中有非常多的应用场景和广阔的用武之地。"信息+"就是发挥信息学科的工具性,利用成熟的信息技术,融入其他学科解决实际问题,助推文理工医各学科的发展(见图1),使信息技术与产业发展融合(万物互联)。

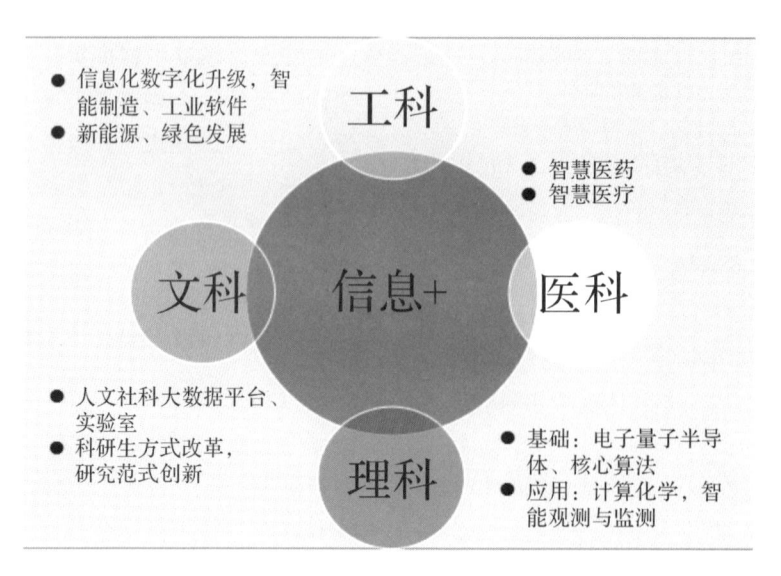

图 1 "信息+"为核心的学科体系建设

(四)工科与产业深度融合

工程教育需要回归产业链中,回归到工程中,这是自20世纪80年代开始全球工科改革的主要方向。工程教育根植于产业发展,需要深入产业发展中,了解产业发展所需所急所苦,在理论、技术和人才等多方面深化合作研究开发,通过合作教学和培养开展人才定制培养。建设工科大装置与实验共享平台,切实建设高校的实验平台共享机制,建设行业产业实验室,为广大企业和科研机构提供服务。着力产业/行业咨询智库建设,为国家地方的经济社会发展提供行业决策咨询。深入融合地方与城市的发展历程。在成就城市和地方的同时实现高校的发展。择地建设工业产业园,实现高校智识的社会转化、价值实现,研究和技术的落地与社会化服务。

参考文献

[1] 蒋慧峰.学科结构与产业结构的协调性评价与预测[J].现代教育管理,2015(1):100-103.
[2] 杨林,陈书全,韩科技.新常态下高等教育学科专业结构与产业结构优化的协调性分析[J].教育发展研究,2015,35(21):45-51.
[3] 杨瑞,杨瑞成,滕清安.高等教育学科结构优化与新兴产业发展的适应性研究[J].江西理工大学学报,2019,40(2):57-65.
[4] 胡德鑫,王漫.高等教育学科结构与产业结构的协调性研究[J].高教探索,2016(8):42-48.
[5] 林健.多学科交叉融合的新生工科专业建设[J].高等工程教育研究,2018(1):32-45.
[6] 林健.第四次工业革命浪潮下的传统工科专业转型升级[J].高等工程教育研究,2018(4):1-10,54.
[7] 彭静雯.高等工程教育改革:对学科规训的突围[M].北京:社科文献出版社,2014.
[8] 中国科学院.中国学科发展战略[M].北京:科学出版社,2013.
[9] 胡德鑫.我国高等工程教育研究的热点领域与前沿:基于CNKI 2007—2016年文献的计量和可视化分

析[J].中国人民大学教育学刊,2017(3):78-92.

[10] 白春礼.科技革命与产业变革:趋势与启示[J].科技导报,2021,39(2):11-14.

[11] 何传启.第六次科技革命的战略机遇[M].北京:科学出版社,2011.

[12] 白春礼.世界正处在新科技革命前夜[N].光明日报,2013-01-21(5).

[13] 孙英兰.中国应勇做第六次科技革命领头羊:专访中国科学院院长白春礼[J].决策与信息,2012(6):27-30.

[14] 读特网.中科院专家:新生物学或是下一次科技革命[EB/OL].(2019-06-23)[2023-10-20].https://www.dutenews.com/shen/p/186450.html.

[15] 方父.生物技术 引发第四次科技革命[J].新经济导刊,2003(5):36-38.

[16] 弗洛里迪 L.第四次革命:人工智能如何重塑人类现实[M].王文革,译.杭州:浙江人民出版社,2016.

[17] 高广礼.科技革命与信息问题[J].商业经济研究,1984(3):10-14.

[18] 张夏团队.【招商策略·50页深度】复盘近30年历次科技周期,兼论本轮科技上行期如何布局[EB/OL].(2019-11-26)[2023-10-20].https://mp.weixin.qq.com/s/i-VpfE8n79ZPPQM5TTscnA.

[19] 佩蕾丝 C.技术革命与金融资本:泡沫与黄金时代的动力学[M].田方萌,译.北京:中国人民大学出版社,2007.

[20] 邵婧婷.数字化、智能化技术对企业价值链的重塑研究[J].经济纵横,2019(9):96-103.

[21] 谢伏瞻.贸易战最终的解决方案[J].智慧中国,2019(9):8-13.

[22] GRAHAM R. The Global State of the Art in Engineering Education[R]. Cambridge, MA: Massachusetts Institute of Technology, 2018.

[23] 李正,林凤.美国高等工程教育改革探析[J].高等工程教育研究,2008(2):31-35,112.

[24] 张新科.德国高等工程教育的发展轨迹和模式特征[J].继续教育,2006(7):60-61.

[25] UNDP. Development 4.0: Opportunities and Challenges for Accelerating Progress Towards the Sustainable Development Goals in Asia and the Pacific[EB/OL].(2018-10-08)[2023-10-20]. https://www.asia-pacific.undp.org/content/rbap/en/home/library/sustainable-development/Asia-Pacific-Development-40.html.

[26] 张学敏,柴然.第六次科技革命影响下的教育变革[J].东北师大学报(哲学社会科学版),2021(2):11.

[27] 习近平.在中国科学院第二十次院士大会、中国工程院第十五次院士大会、中国科协第十次全国代表大会上的讲话[EB/OL].(2021-06-10)[2023-10-20].https://www.gov.cn/xinwen/2021-05/28/content_5613746.htm?eqid=82192999001e3aa10000000464561893.

[28] 国家统计局.国民经济行业分类(GB/T 4754—2017)[EB/OL].(2017-09-29)[2023-10-20].http://www.stats.gov.cn/tjsj/tjbz/hyflbz/201710/t20171012_1541679.html.

[29] 中华人民共和国人力资源和社会保障部.国家职业分类大典(2022年版)公示[EB/OL].(2022-07-14)[2023-10-20].http://www.mohrss.gov.cn/SYrlzyhshbzb/dongtaixinwen/buneiyaowen/rsxw/202207/t20220714_457800.html.

[30] 朱恺真.以高水平智能制造系统规划设计引领企业高质量发展[J].智能制造,2022(1):28-30.

[31] 智能制造编辑部.周济院士:智能制造是第四次工业革命的核心技术[J].智能制造,2021(3):25-26.

[32] 邹勇,龙毅,高德友.以有组织科研高质量服务国家和区域经济社会发展[J].中国民族教育,2022(12):34-37.

[33] 任保平.工业互联网发展的本质与态势分析[J].人民论坛,2021(18):88-91.

"Information+" as the Core of the Emerging Engineering Education: On the Strategic Choice of Engineering Development in Universities

Yang Gui, Dai Rui, Zhang Xianyuan

Abstract: At present, the rapid development of science and technology has brought about drastic changes in our economy and society. Engineering in universities has been given more and more expectations in the new era. This paper examines the history of our scientific and technological revolution and engineering education in universities, observes the development trend of the current era, and believes that the engineering in China take information and related disciplines as one of our important orientations to comply with the historical trend of informatization and digitization, to provide a solid foundation for the development of engineering and universities. Developing new engineering disciplines with "information +" as the core, we should take problems as the guide, focus on intelligent manufacturing and green production, solving practical engineering problems to respond to industrial needs, strengthening integrated development with other disciplines, and improve the overall strength of engineering disciplines in the process of responding to national and social needs. Taking "information +" as the engine, We should use information science as a tool, taking information literacy as the basic requirement of talent training, and information thinking and means as the basic tool of researchers in the University, so as to reshape the talent training system of universities, improve the scientific research ability and level of the whole university, promote the interdisciplinary fusion and development, and support the construction of first-class discipline system in universities, improving the overall development of universities.

Key words: University; Engineering; Strategy; Information +; Engineering Education

数智教育
Digital intelligence education

Core Digital Literacy of Engineering Students: An Exploratory Study Based on Grounded Theory

工科生的核心数字素养：基于扎根理论的探索性研究

| 曹雅妮 |

【摘　要】 随着数字技术的发展，数字素养逐渐演变成为一门"国民必修课"。就工科生而言，数字素养是数字时代提升核心竞争力的关键助推力。为了廓清工科生的核心数字素养，研究以自上而下的文献梳理和理论探寻为基础，结合自下而上的实践访谈建立编码路径，建构工科生的核心数字素养结构。研究发现工科生的核心数字素养由数字化意识、数字知识与技能、数字化运用、数字伦理四个维度22项子能力彼此联系、相互作用形成。工科生核心数字素养结构的建构是数字素养相关研究的重要扩展，有助于揭示数字时代工程教育人才培养问题的内在规律。

【关键词】 工科生；数字素养；数字时代；扎根理论

一、问题的提出

随着数字技术的发展，人类逐渐进入了一个高度数字化的社会。在这个数字社会中，数据、算法、信息渗透进人类生活的各个角落，数字技术在生产、政治、经济、教育、文化等各个领域不断扩张。人类以摸索的姿态在数字时代踱步前进。近几年，数字时代的浪潮更是汹涌而来，算法革命、人工智能革命正以一种猛烈的势头冲击着人们的

---

① 作者简介：曹雅妮，北京航空航天大学，人文社会科学学院教育经济与管理专业博士研究生。

思维和行为,数字技术"来势汹汹",有关"数字鸿沟、信息茧房、数字公民、数字素养"等话题已经成为人们高度关注的时代课题。2018年4月,教育部颁布的《高等学校人工智能创新行动计划》提到要根据人工智能理论和技术具有普适性、迁移性和渗透性的特点,主动结合学生的学习兴趣和社会需求,积极开展"新工科"研究与实践。[1]2018年9月,教育部、工信部联合中国工程院发布的《关于加快建设发展新工科实施卓越工程师教育培养计划2.0的意见》提到注重培养工科学生的设计思维、工程思维、批判性思维和数字化思维。[2]2021年11月,中央网信办发布了《提升全民数字素养与技能行动纲要》,提到提升全民数字素养与技能,是顺应数字时代要求,提升国民素质、促进人的全面发展的战略任务。[3]由此可见,无论是政策话语还是学术话语,逐渐开始强调全民数字素养问题。本研究聚焦于工科生群体,基于以上讨论引起研究思考:第一,工科生核心数字素养的构成;第二,工科生核心数字素养的内涵。

明确数字素养的含义是研究工科生核心数字素养的前提。1994年,以色列学者约拉姆·埃谢特·阿尔卡莱(Y. Eshet-Alkalai)认为数字素养是理解及使用通过电脑显示的各种数字资源及信息的能力,并划分为"图片—图像素养、再创造素养、分支素养、信息素养、社会—情感素养"。[4]经济合作与发展组织认为数字素养是指获得工作场所和社会生活各个方面的全部精致能力,个人需要领会全部技术潜力,学会运用能力,具备批判精神与判断能力。[5]根据中央网信办的定义,数字素养与技能是指数字社会公民学习工作生活应具备的数字获取、制作、使用、评价、交互、分享、创新、安全保障、伦理道德等一系列素质与能力的集合。[6]综上可见,数字素养并不是指简单的一种技能或能力,而是一种关乎基本生活的、复合的、跨学科的重要技能,这种技能能够使个体获得其他的一些重要技能(比如,语言、数学、学会学习、文化意识等),甚至标记为"数字时代的生存技能(Eshet-Alkalai)"或者"信息社会的重要资产(Van Deursen)"。[7]工科生核心数字素养应该是一个综合性的、开放的、动态的概念,研究基于意识、知识与技能、应用实践与伦理道德四个维度,通过对数字素养相关概念的共同成分的抽取和整理,结合工程教育的教育特性,建构工科生核心数字素养的概念模型。

二、研究设计

(一)数据来源

本研究旨在了解工科生核心数字素养的构成,属于探索性质的研究,而质性研究正是通过分析无序信息探寻研究对象的行为和动机。本篇的质性研究包括文献和访谈两种方法。其一,文献具有可靠性、公开性、验证性和权威性的特点,是在泛阅读、快速阅读时代迅速把握研究内核的文本途径,通过专家、学者对该领域论述的归纳整理,形成对工科生核心数字素养的基本认知。以中国知网和Web of Science为主要文献来源,在中国知网CSSCI数据库中以"工科/工程+素养/能力+数字/数字化"为主题进行检索,共检索出91篇文献,在Web of Science核心数据库中以"Engineer/Engineering + Ability/Competence + Digitalization"为主题进行检索,共检索出81篇文献。通过主题阅读和判别的方式初步筛选出5篇文献对其进行深度阅读,并对目标文献进行内容分析,整理提炼文献中工科生核心数字素养的相关观点。文献基本情况见表1。

表 1 文献基本情况信息表

作者	发表年份	文献标题	所在期刊
陶金虎,郄海霞,王世斌[8]	2023	我国工程人才数字能力要素识别与体系构建——基于校企供需两端的整合分析	《高等教育研究》
常亮[9]	2023	用能力素养模型连通Cc2020和工程教育认证标准	《中国大学教学》
Didem GÜRdÜR Broo, Okyay Kaynak, Sadiq M. Sait[10]	2022	Rethinking Engineering Education at the Age of Industry 5.0	*Journal of Industrial Information Integration*
Vladislav Slavov, Asya Asenova, Kamelia Yotovska[11]	2019	Virtual Labs-Enhancing Digital Skills in Engineering Education	*13th Annual International Technology, Education and Development Conference*
Diaz Lantada, Andres[12]	2020	Engineering Education 5.0: Continuously Evolving Engineering Education	*International Journal of Engineering Education*

其二,访谈作为一种研究性交谈,通过与研究对象对话获取第一手资料,探析工科生行为的背后意义,从而获得较为真实的、客观的视听资料。为此,研究邀请了8位工科生进行一对一访谈,并以此作为研究样本,为后续编码工作做好资料准备。基于析出工科生的核心数字素养为目的,从工科生数字化学习的意愿、动机、行为方式等层面设计访谈提纲,包括(1)是否认可数字时代;(2)在数字时代,通过什么样的途径学习;(3)是否有运用数字设备的习惯;(4)使用数字设备的频次以及多用于干什么;(5)希望数字设备能够带来哪些功能上的支持;(6)如何看待"数据过剩、信息泄露、人机协作"等问题;(7)如何看待数字技术介入学习生活等一系列问题,采取逐步递进式追问,并根据访谈者的反馈,及时调整以保证访谈的有效性。受访者基本信息情况见表2。

表 2 受访者基本信息表

访谈对象编号	年级	专业	学校所在地区
F-01	大三	制药工程	江苏
F-02	大二	电子信息工程	北京
F-03	大四	土木工程	甘肃
F-04	大四	生物医学工程	北京
F-05	大四	生物医学工程	北京
F-06	大一	数据科学与大数据技术	河北
F-07	大三	自动化科学与电气工程	北京
F-08	大二	电子信息工程	北京

扎根理论是在没有理论假设的基础上,直接从实际观察入手,从原始资料中归纳出经验概括,然后上升到系统的理论。研究旨在析出工科生的核心数字素养。遵循归纳逻辑,通过对所获取原始资料的解读、归并与建构,运用系统化程序的扎根理论是最优选择,在收集、整理文献资料和访谈资料的基础上,进行解释性和归纳性的分析和发展。

(二)编码分析

1. 开放式编码

开放式编码是指原始文本资料在筛选、类比的基础上概念化和范畴化的过程。为了避免由个人的主观偏见、臆测带来的干扰与影响,将所整理的文本资料最大限度打散,并在最大程度上使用原话作为挖掘初始概念的标签,同时在进行范畴化的过程中剔除前后矛盾的初始概念,合并高频重复的初始概念,不断缩小登录范围。通过文本资料逐句编码后,最终从原始资料中析出126个初始概念标签,通过归并整合最终确定了22个初始范畴。

2. 主轴式编码

主轴编码是指在开放编码结果的基础上,进一步分析各个范畴之间的隐藏联系,挖掘范畴间潜在的相互关系和逻辑次序,进一步归纳出主范畴。[8]基于开放式编码的22个初始范畴进一步提炼,依照因果、情境、差异、结构、功能等关联概念,寻找开放式编码和主轴编码之间存在的某种特定关系。研究将开放性编码所获得的A1、A2合并为B1(数字化感知),A3归为B2(数字化认识),A4归为B3(数字化意志),A5、A6合并为B4(数字内容解读),A7、A8合并为B5(数字内容甄别),A10、A11、A12合并为B6(数字化知识建构),A14归为B7(数字设备操作),A15、A16、A17合并为B8(数字产品再造),A18、A19合并为B9(数字成果转化),A21、A22合并为B10(数据安全),A23、A24、A25合并为B11(人机交互)(详见表3)。

表3 工科生核心数字素养的主轴性编码结果

初始范畴	主要范畴	核心范畴
A1 数字敏感性 A2 数感能力	B1 数字化感知	C1 数字化意识
A3 前瞻性	B2 数字化认识	
A4 数字环境适应性	B3 数字化意志	
A5 数字化阅读 A6 数字信息浏览	B4 数字内容解读	C2 数字知识与技能
A7 专业性 A8 辨别能力	B5 数字内容甄别	
A10 数据搜索 A11 碎片化知识整合 A12 内容创建	B6 数字化知识建构	
A14 数字工具使用	B7 数字设备操作	
A15 设计力 A16 想象力 A17 运筹力	B8 数字产品再造	C3 数字化运用
A18 数字化表达 A19 迁移能力	B9 数字成果转化	
A21 规范上网 A22 数字风险意识	B10 数据安全	C4 数字伦理
A23 人机协作 A24 数字身份 A25 主体性	B11 人机交互	

3. 选择性编码

选择性编码也称核心编码，主要是通过运用故事线的方式从初始概念开始步步为营，剖析各个范畴之间的内在逻辑关系，进而析出一个具有统领性的核心范畴，旨在建立核心范畴与其他范畴之间的联结关系，形成概念关系。研究将主轴性编码获得的11个主要范畴进一步类属，使凝聚的核心范畴涵盖整个分析框架，将 B1、B2、B3 归纳为 C1（数字化意识），B4、B5、B6、B7 归纳为 C2（数字知识与技能），B8、B9 归纳为 C3（数字化运用），B10、B11 归纳为 C4（数字伦理），最终得到 4 个核心范畴（详见图1）。

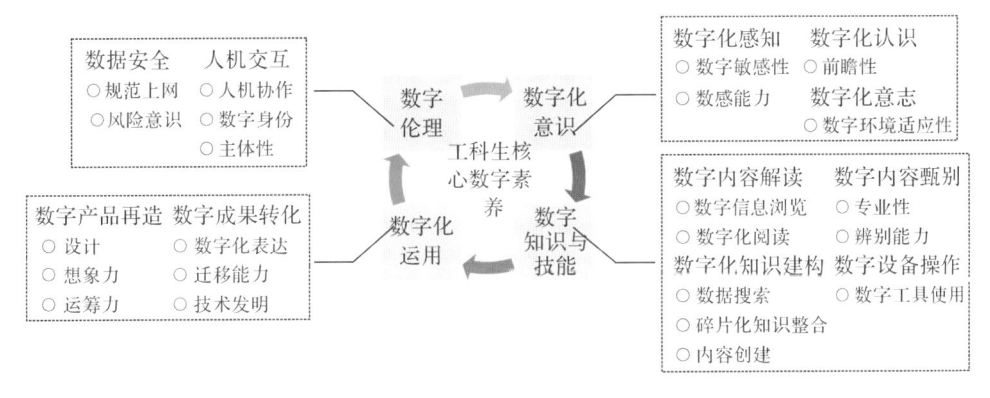

图1 工科生的核心数字素养结构图

三、素养结构讨论

1. 数字化意识

数字化意识是指工科生对数字社会的觉察和关注程度。包括数字化感知、数字化认识、数字化意志。

数字化感知涵盖数字敏感性和数感能力，意指基于人脑将物理世界和数字世界联系起来，即工科生对各种工程活动中进行的数字化记录（诸如传感器）以及实时数字变化保持敏感性。其中，数字敏感性是指工科生在面对大量纷繁复杂的数据信息时产生的快速联想和解构能力，抑或是发现数据规律的能力。要想迅速把握数据规律的内核，需要工科生能够理解数据背后的生产逻辑、关联逻辑和运行逻辑。"数感"作为一个生物学术语，意指在个体无意识的情况下，在一小堆物体中增加或者移除一个物体后，个体能够意识到这堆物体发生变化的能力，是人类与生俱来的能力。如今的工科生更是处在一个被数据包裹的时代，数据单位已从 Byte 演绎到 NB，这种与生俱来的数感力在指数级增长的数据中渐渐"隐匿"，而频繁与数据"打交道"的工科生更需要增强对数字大小、数量多少的感知。

数字化认识是人类认识的表征，故具有典型的动态性。这里要区分"认识数字化"和"数字化认识"，前者是指工科生对工程世界进行定性认识、定量描述，形成关于工程世界的理性认识。而后者是指工科生确证数字技术对工程世界的介入，能够将工程活动中所涉及的要素转换成数字形式，并能基于此观察、分析产生预测。

意志是人的一种心理动力系统，数字化意志是指工科生具有战胜数字化工程实践中的困难与挑战的信心和勇气。

2. 数字化知识与技能

数字化知识与技能是指工科生在数字

社会中需要了解与掌握的数字技术技能。包括数字内容解读、数字内容甄别、数字化知识建构以及数字设备操作。

数字内容解读涵盖数字信息浏览和数字化阅读，是指把文本、声音、图像以及其他媒介信息通过数字技术进行转换和处理，工科生对其进行浏览、阅读并理解的过程。其中，数字信息浏览（阅读的数字化：阅读对象的数字化、阅读方式的数字化）是指现有的数字技术将越来越多静态的文字、图形信息转化为动态的视频、声音、图像等视觉、听觉、触觉信息，为此需要工科生充分调动感官，快速浏览、编辑各种类型的数字文档。数字化阅读是指对经过数字化处理并在电子设备呈现出来的阅读对象进行阅读。数字化阅读强调的是阅读的形式和载体，但形式与载体往往与内容挂钩，这是数字作品空前繁荣的时代，也是快餐阅读的时代，所以如何做好数字化阅读是工科生需要考量的问题。

数字内容甄别涵盖专业性和辨别能力，是指工科生根据自身的经验和知识，客观理性地辨别、判断和分析数字内容的来源、价值及可信度，并对数字内容进行筛选、标记和分类。其一，工科是应用数学、物理学、化学等基础科学的原理，结合生产实践所积累的技术经验而发展起来的学科，而专业性是指在其所从事领域中具备的专业的知识、技能和态度。工科生扎实的专业能力划定了其在数字社会中的定位和分工，也表征了其能理解复杂工程问题的底层逻辑。面对纷繁复杂的大数据，需要工科生的"专业性"加持以对其进行鉴别。其二，在数据"大行其道"的社会，数据的来源和路径也越来越多样化，其真实性和可靠性也遭到了质疑，工程活动中的虚假数据不仅会导致工科生做出错误的判断，甚至会带来不可预估的损失，故而对于数据真伪的辨别成为工科生必备的素养。

数字化知识建构涵盖数据搜索、碎片化知识整合和内容创建，指在数字社会中，工科生利用数字化工具，围绕不同主题或学科的知识，建构自己的理解、修正自己的认识，以致产生相对完整的知识体系（以数字化形式呈现）。在数字化的学习环境中，工科生不再是被动的接受者，而是积极主动的建构者。其一，数据搜索是指从数字社会搜集相关信息，进一步筛选获得自己需要信息的能力，在数字社会人和人之间形成了信息差，而信息差造成了认知上不对称的差异，搜索数据的快慢、多少都将是工科生能力优势的表征。其二，碎片化是数字社会的特征，也是工科生面临的挑战。在数字社会，数据、信息、知识呈几何级数增长，人们不得不化整为零，用于生活的方方面面。然而不得不思索的是数据、信息、知识碎片充满了矛盾、冲突、交叉或者重复模糊不清的内容，碎片化知识的超载更容易让人脑处于负荷状态。工程活动具有典型的条理性、逻辑性，相应地需要工科生具备将大量碎片化知识分类加工成清晰的结构化知识体系的素养。其三，人类历史长河正是在一代又一代的内容更迭中建立，工科生作为数字社会的住民，有创建数字化内容的使命。工科生接受专业的训练，要将自己所见、所学、所悟结合数字社会的实际需求，创造出更有趣、更具吸引力的产品。

数字设备操作是指工科生通过控制数字设备、使用数字工具，完成工程活动中复杂的运算和处理工作。

3. 数字化运用

数字化运用是指工科生应用数字技术技能开展工程活动的能力。包括数字产品再造、数字成果转化。

数字产品再造是指工科生利用数字技术对已有产品的功能、设计、交付方式等方面进行改造和升级，以提高产品质量、效率和竞争力。工程设计是为了满足某种需要，运用一定的科学技术知识和方法，创造和拟定制造新技术、新产品、新工艺的方案和说明，而工科生在学习之初，以模仿、借鉴、再造为主，考虑到经济成本和实践落地的因素，数字建模成为工科生试错的最优选择。在这个过程中，需要工科生从人的需求出发，多角度寻求创新方案、创造更多可能性（设计力），需要工科生在大脑中描绘工程项目建成的能力（想象力），需要工科生运用方法和知识、深思熟虑、合理筹划、安排行动步骤的能力（运筹力）。

数字成果转化涵盖数字化表达和迁移能力，是指工科生将以数字化形式存在的科研成果、技术创新、知识产品等转化为具有实际应用、经济价值或社会效益的过程。前述提到工科生在前期学习阶段多为模仿、借鉴，而数字成果转化则考虑的是工程活动如何落地的问题。其一，数字化表达已成为数字社会的特征。数字具有承诺感、仪式感、画面感、事实感、信任感等。诸如，需要多少天完成，几大工程理念，几层大楼，半小时充满电，七天无理由退货等。工程活动的落地需要数字化表达的助力，故而数字化表达也成为工科生学习的"必修课"。其二，数字成果转化意味着线上成果落实到线下的层面。这个过程需要迁移能力，即如何将线上积累的知识和经验跨越线上线下的鸿沟。在实际操作中同样使用的能力，体现了工科生对在手的数据的理解与分析，以及对积累的知识技能和经验方法重新组合的能力。

4. 数字伦理

数字伦理是指工科生在运用数字技术的开发、利用和管理等时应该遵循的要求和准则，包括数据安全和人机交互。

数据安全涵盖规范上网和数字化风险意识，是指工科生保护工程数据免受未经授权访问、使用、修改、破坏、泄露或丢失等一系列潜在风险，确保数据的机密性、完整性和可用性。其一，随着数字社会的发展，工科生愈加频繁地与数据及其平台发生联系，诸如服务器系统、应用软件、数据库等，需要工科生具有自我保护意识，保护工程数据，也不得传播虚假信息等损害他人合法权益的活动。其二，在数字社会，人人都是数字内容的创作者，这带来了极大的自由性，同时也潜藏了很多无法预料的情况，为此需要工科生具有预判数字化风险、应对数字化风险的能力。

人机交互涵盖人的主体性、数字身份以及人机协作，概括来讲，是指工科生在保持人的主体性的前提下，基于数字身份①媒介与机器展开合作，以便更好地完成工程活动。其一，随着数字社会的高速运转，人类逐渐由无数个数字编码组成，诸如身份证号码、邮编、车牌号、房间号、座位号、学号、职工工号等，同样在越来越多的工程活动中工科生被赋予了一个又一个的数字代码（其实质是数字身份）以便在各式各样的平台切换。其二，人类活动的基础是精神，人类要想在现代技术"巨型机器"面前有尊严地生存，就不能把自己完全交托给技术，而应审慎地考虑人类本性与技术的关系。[9]人与数字技术的博弈其本质是价值属性与工具属性的一场博弈，数字技术的背后是一种程序化的、稳固的行为模式，具有强烈的工具目的性，在这个高度技术化的世界，工科生容易陷入技术的泥淖，其作为人的理性自觉与价值判断易被消解，而工程活动诉诸的是人类的幸福生活，彰显的是人类的生命价值和尊严，为此要求工科生在数字社会中始终保持人类的主体性。其三，从内容建设层面来讲，一个工程项目往往涉及多个领域、多种

---

① 注释：数字身份，大数据新词，2020年通过全国科学技术名词审定委员会批准。指在数字化环境中所拥有的用于标识和验证个人身份的一种形式，抑或真实身份信息浓缩为数字代码。

资源要素，需要统筹管理，也需要落实到某个领域、某种资源要素的实际需求。工科生大多分属于某个领域，作为"子集"需要与多边协作做好精细化的专业支撑，而在数字化社会中，工科生的多边协作不仅触及人际网络，更涵盖了机器网络，形成了"人—机—人"的多边协作网络。

四、研究讨论

本研究在整理文献和访谈资料时发现，工科生的核心数字素养不能严格按照维度级别划分开来，诸如责任心、团队合作、逻辑推理能力、专业纵深、独立思考等个人特质贯通于工程活动的各个环节（见图2）。故针对工科生数字素养的培养不是割裂的，关于个人特质的培养始终穿插在工程教育中，且至关重要。

有几点研究局限性值得讨论。第一，样本数量的局限性。受制于客观因素，本研究的访谈对象和选取的文献数量或存在不足问题，但为保障研究主题的确切性，选取的访谈样本与文献样本尽量符合代表性。第二，研究所得到的工科生的数字素养指标仅是一个初步探索，其有效性尚未在实践中得到进一步验证。

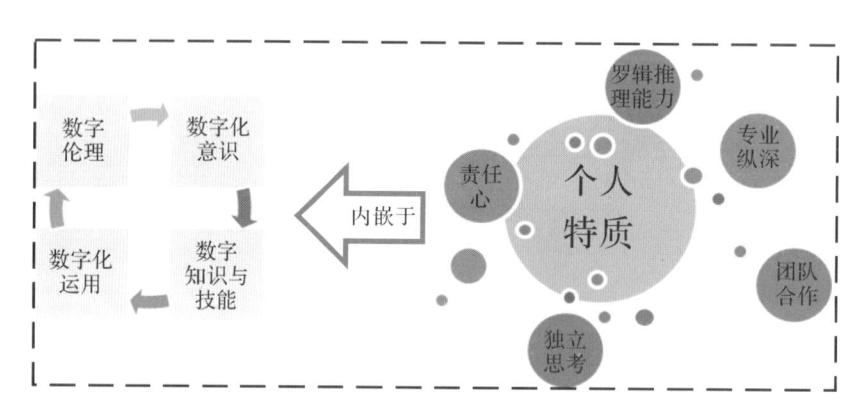

图2 工科生的综合素养（含核心数字素养）

参考文献

[1] 中华人民共和国教育部.教育部关于印发《高等学校人工智能创新行动计划》的通知[EB/OL].(2018-04-03)[2023-07-23]. http://www.moe.gov.cn/srcsite/A16/s7062/201804/t20180410_332722.html.
[2] 中国政府网.教育部工业和信息化部中国工程院关于加快建设发展新工科实施卓越工程师教育培养计划2.0的意见[EB/OL].(2018-09-17)[2023-07-23]. https://www.gov.cn/zhengce/zhengceku/2018-12/31/content_5443530.htm.
[3] 中央网络安全和信息化委员会.提升全民数字素养与技能行动纲要[EB/OL].(2021-11-05)[2023-07-23]. http://www.cac.gov.cn/2021-11/05/c_1637708867754305.htm.
[4] 肖俊洪.数字素养[J].中国远程教育,2006(5):32-33.
[5] 孙旭欣,罗跃,李胜涛.全球化时代的数字素养:内涵与测评[J].世界教育信息,2020,33(8):13-17.
[6] 中央网络安全和信息化委员会办公室.提升全民数字素养与技能行动纲要[EB/OL].(2021-11-05)[2023-07-23]. http://www.cac.gov.cn/2021-11/05/c_1637708867754305.htm.

[7] 王佑镁,杨晓兰,胡玮,等.从数字素养到数字能力:概念流变、构成要素与整合模型[J].远程教育杂志,2013,31(3):24-29.
[8] 陶金虎,郄海霞,王世斌.我国工程人才数字能力要素识别与体系构建:基于校企供需两端的整合分析[J].高等教育研究,2023,44(7):77-86.
[9] 常亮.用能力素养模型连通 CC2020 和工程教育认证标准[J].中国大学教学,2023(3):52-55,79.
[10] BROO D G, KAYNAK O, SAIT S M. Rethinking Engineering Education at the Age of Industry 5.0[J]. Journal of Industrial Information Integration, 2022, 25: 1-8.
[11] SLAVOV V, ASENOVA A, YOTOVSKA K. Virtual Labs-Enhancing Digital Skills in Engineering Education[C]. 13th Annual International Technology, Education And Development Conference, 2019.
[12] LANTADA A D. Engineering Education 5.0: Continuously Evolving Engineering Education[J]. International Journal of Engineering Education, 2020, 36: 1814-1832.

Core Digital Literacy of Engineering Students: An Exploratory Study Based on Grounded Theory

Cao Yani

Abstract: With the development of digital technology, digital literacy has gradually evolved into a "national compulsory course", which is the key driving force for engineering students to enhance their core competitiveness in the digital era. In order to clarify the core digital literacy of engineering students, the research is based on top-down literature review and theoretical exploration, combined with bottom-up practical interviews to establish coding paths to construct the core digital literacy structure of engineering students. It is found that the core digital literacy of engineering students is formed by the connection and interaction of 22 sub-capabilities in four dimensions: digital consciousness, digital knowledge and skills, digital application and digital ethics. The construction of the core digital literacy structure of engineering students is an important extension of the relevant research on digital literacy, which helps to reveal the inherent law of the training of engineering educators in the digital age.

Key words: Engineering Students; Digital Literacy; Digital Age; Grounded Theory

Enhancing Management and Cooperation Effectiveness of University Engineering Research Teams in Alignment with National Strategy: Perspectives of Content and Tasks of Organized Research

面向国家战略,提升高校工程科研团队管理与合作有效性——有组织科研的内涵与任务视角①

| 周 玲 |　| 王欣怡 |

【摘　要】 从战略高度认识发展新质生产力的重大意义,满足国家重大战略需求,就必须实现高水平科技自立自强,在这一过程中,发挥高等教育支撑引领作用,高校加强有组织科研、优化工程科研团队管理与合作有效性就显得尤为迫切。本研究从高校开展有组织科研的内涵与任务的视角,厘清有组织科研与高校工程科研团队的关系,明晰高校工程科研团队建设中存在的问题,分析开展有组织科研的关键影响因素,最后从明确团队目标与功能、加强人才梯队建设、完善考核评价体系、强化学科交叉融合、保障大平台和资源支持等方面提出对策建议。

【关键词】 有组织科研;高校工程科研团队;团队管理与合作有效性

---

① 本文系教育部人文社科研究项目"高校教师发展性评价实施路径与均衡激励机制研究"(23YJA88088)、上海市教育规划项目"新时代高等教育评价的伦理规制与改革路径研究"(A2022013)、国家人文社科重大课题"中国高校科技创新团队管理与合作有效性研究"(22&ZD308)研究成果。

作者简介:周玲,华东理工大学高等教育研究所教授,博士
　　　　　王欣怡,华东理工大学高等教育研究所硕士研究生

引 言

新一轮科技和产业革命迅猛发展,科技创新成为大国竞争与博弈的主要战场。发达国家的经验表明创新型国家建设需要以战略需求为导向,强化有组织科研。为此,党和国家提出教育、科技、人才三位一体统筹发展的战略部署,2022年教育部印发了《关于加强高校有组织科研 推动高水平自立自强的若干意见》,要求高校"把服务国家战略需求作为最高追求,坚持战略引领、组织创新,强化有组织科研,更好地服务国家安全和经济社会发展面临的现实问题和紧迫需求"[1]。有组织科研是实现建制化、成体系服务国家和区域战略需求的重要形式[2],高校工程科研团队是有组织科研得以实施的重要载体,对于提升国家创新能力、实现国家战略目标、突破关键核心技术具有举足轻重的地位[3]。在面向国家战略开展有组织科研的过程中,剖析高校工程科研团队运行存在的问题及其影响因素,加强目标与任务导向的工程科研团队建设,通过有组织科研提高工程科研团队管理与合作有效性,对于实现科技自立自强和建设世界科技强国的战略目标就显得尤为迫切和重要!

一、"有组织科研"的内涵和任务特征

"有组织科研"的内涵清晰。它是相较于"组织无序"乃至"无组织"科研而提出的科研模式,指不同领域的科研人员以实际需求为共同目标,按照一定的组织结构安排和制度规范,整合资源并开展协作性和系统性的科研活动来实现"从无到有"的原始创新或"从有到优"的科学技术再突破[4]。在科学研究领域中,组织性已成为推动科技进步的关键因素。有组织科研不仅涵盖任务目标明确、个体成员专业、协作互动紧密、制度保障完善、组织结构高效等基本要素,还有着超越传统"科研"概念的系统性和导向性任务特性,它倡导在战略科学家的引领下,跨越学科边界,实现深度融合与协同,以追求尖端技术的革新与突破。[5]

"有组织科研"的目标与任务明确。在有组织的科研框架内,研究主体实现研究目标所开展的研究过程都具备高度组织性。首先,研究目标的组织性体现在对战略目标的精准规划和多元需求的综合考量上。面对科研利益主体的多元化分布及其形成的复杂组织环境,有组织科研的目标不仅要聚焦于核心技术的突破,还需兼顾团队成员的个人成长需求,以及政府、市场、公众等社会各领域对知识生产和技术创新的期望。[6-7] "有组织科研"可以是政府主导或产业驱动的科研,共同特征是围绕国家战略推动,政府扮演了政策制定者、投入支持者、产学研结合引领者、科研创新环境营造者等关键角色。[8]由此可见有组织科研的国家背景十分明显,服务国家重大战略需求和经济社会发展需要的使命导向是其重要的任务特征。

高校工程科研团队是"有组织科研"的重要载体。高校工程科研团队作为重要的有组织科研载体,是指工程学科相关领域能够在工程实践中发现并解决问题的科研团队,是高校学术科研成果工程化生产工艺和创新应用的设计者和开发者,也是产学研的理论基础与实践应用的连接纽带,可以使科研成果对接企业技术需求并成功转化为现实生产力。[9]在新知识经济时代,复杂工程问题的解决和项目任务的完成需要来自不同国家、地区、科研机构部门和科研领域专家的密集协作。组建工程科研团队开展有组织科研有助于破除学科壁垒,凝聚集群式力量,实现知识的共享和技术的创新。[10]同时,高校工程科研团队的有组织科研具体体

现在团队规模、成员构成和团队工作方式上。高校工程科研团队往往以国家重大项目为纽带，形成基本的组织形式。[11]这些团队通常由具备学术威望的战略科学家担任学术领袖，汇聚国内某领域内的顶尖专家和本单位相关领域的优秀人才，共同构筑起一支相对稳定的研究队伍。[12]团队成员间的研究经验、学术背景和研究水平的互补性促进了知识的交叉融合与创新。团队成员间形成相互信任、沟通互动、资源共享、责任同担的团队氛围，促进积极探索、协同创新，推进有计划性的学术活动。再者，研究过程的组织性强调多学科知识的交叉融合和引导性科研合作的重要性。

二、高校工程科研团队有效开展有组织科研的现实困境

高校工程科研团队以国家战略为目标开展有组织科研，就需要有前瞻性的规划，为解决重大科学和关键技术问题做好长远谋划；以服务国家的使命导向和追求卓越的任务特征为追求，高校工程科研团队的协同运行机制和考核评价制度需要完善，科研经费和软硬件资源需要合理配置、有效整合，团队文化和组织建设需要不断强化。而高校工程科研团队在管理与合作中依然存在一定的现实困难与问题。

1. 前瞻任务布局的组织谋划与实施机制尚不健全

在科技革命和产业革命的浪潮中，政府的组织管理能够先导与主导重点领域和科技资源的统筹部署以及科研力量的分工合作。事实证明，世界科技中心的转移离不开政府的有效组织与推动。[13]美国之所以成为世界科技强国与联邦政府有极为紧密的关系。自19世纪下半叶起逐步成为高校科研的核心资助者，并通过科技政策报告构建政府、高校、企业衔接的科研体系，确保科技创新领先。[14]进入21世纪，美国提出"21世纪大挑战"计划，旨在提高创新能力并保持全球领导地位。加州大学洛杉矶分校（UCLA）等世界一流大学积极响应大挑战计划，围绕多个创新领域组建超强团队，取得突破性成果。[15]面对国际竞争和经济转型的压力，我国政府高度重视科技发展规划，相继出台《国家中长期科学和技术发展规划纲要（2006—2020年）》《"十四五"国家科技创新规划》等一系列科技创新规划，强调国家科技创新的重要性。但高校作为前沿技术研究和颠覆性技术创新的策源地，其部分工程科研团队在强调"四个面向"和"两服务一引领"原则的同时，在实际操作中却缺乏前瞻性长期规划，在承接科研项目时更注重短期目标和成果，项目间缺乏连续性和互补性，难以持续跟踪和深化某一领域研究，形成具有长远影响的科研体系。面对复杂任务，团队可能因组织谋划能力不足导致科研方向判断失准、资源分配不均。即使能够制定出前瞻性科研任务规划，明确职责分工和工作流程，也常因实施保障机制不完善而遭遇成员间协作不畅、项目进度难以控制等问题。同时，在科研任务实施过程中团队未获取到准确及时的反馈并根据实际情况进行有效调整，导致科研任务方向偏离预期、资源浪费或成果质量下降。[16]部分高校工程科研团队在组建、运行和研究方向上缺乏明确指导，导致科研资源分散，难以形成合力。一些团队在发展规划和管理协调上缺乏主动性，更多是被动地接受任务，难以积极响应国家战略需求。[17]高校工程科研团队在有组织科研过程中响应国家战略需求、解决重大科学问题和关键技术攻关方面仍显不足，从零到一的创新成果比较罕见。以中兴、华为事件为鉴，我国在芯片、集成电路、操作系统、发动机、精密仪器等领域仍面

临着"卡脖子"技术困境。

2. 团队有组织科研的模式与运行机制尚待完善

高校工程科研团队科学、合理、有效的有组织科研模式有待完善,结构松散、组织无序、团队成员间分工合作等服务支持系统不够健全,团队内部制度建设有待加强。当前,关乎国家重大战略的科技项目和关键核心技术通常综合了多种学科知识,其复杂性要求承担技术攻关的团队更加多元化,但由于大学稳定的院系划分形成的组织壁垒导致高校内部的工程科研团队基于学科专业组建而成,成员构成来源单一,研究方向大同小异,跨院系间的交流合作较少,科研人员流动受限,团队缺乏跨学科的综合性,涉及学科交叉融合科研任务时由于知识体系和研究方法融合欠缺,不同学科根据项目需要临时拉拢不同专业的科研人员组建团队比较普遍,兼职团队成员的大量存在增加了团队管理和协调的难度。并非自主结合的团队目的性和功利性比较强,因而难以平衡和处理好不同学科领域成员间的利益分配和学术资源共享,导致团队难以稳定、高质量、可持续地发展。[4] 此外,工程科研团队中存在学术近亲繁殖和学术歧视现象,有些规模较小的"师徒继承型团队",仅仅由导师和其指导的在读或已留校的硕博研究生构成,排斥其他院校的优秀科研人员加入,导致团队研究方向一成不变,缺乏生命力与创新活力,创新成果较难产出。[9]

3. 科研团队协同和自身组织建设需要加强

高校高水平、跨学科、稳定的工程科研团队协同创新攻关的机制有待完善,团队带头人的培养和能力素养提高亟待加强。工程科研团队"小而散"、科研成果追求"短平快"的状况需要实质性改变。由于职称评定、绩效考核、奖励评审等评价激励机制过多强调科技成果完成人的排序,强调第一完成人,导致科研人员热衷于牵头做小项目,不想作为参与人承担重大任务,"宁做鸡头不做凤尾"的心态和现象普遍存在。[18] 团队负责人直接影响着团队建设和科技创新潜力发挥,然而,当前高校有组织科研领军人才遴选机制存在一定问题,难以找到既具备战略眼光和全局视野,又拥有丰富项目管理经验和高水平学术能力的领军人物,以适配有组织科研平台的需求。在许多工程科研团队中,虽然每个研究方向都有熟悉该方向的负责人,但由于缺乏战略科学家导致各个方向间缺少创新目标驱动,无法汇聚合力支撑整个团队的创新与发展。带头人挂虚名只是名义执行者的情况时有发生,这些负责人更谈不上对团队科技创新发展规划的前瞻性考虑和判断,也很难对团队自身的中长期发展进行有效的规划和人才结构的优化调整。同时,团队带头人年龄老化现象日趋严重,青年领军人才成长平台和机遇缺乏,影响力难以提升,统筹管理及协调组织能力不足。团队内部拔尖创新成员不足,思想观念传统守旧,缺乏工程科研实践场景和具体解决项目关键问题的锻炼与考验,团队解决复杂工程问题能力不足。此外,由于高校科研人员对于有组织科研和自由探索的认识不足,需要协调沟通的机制尚不健全,原有的基于个人兴趣爱好围绕自身研究方向开展科研工作的自由式探索比较易于开展,但有效开展有组织科研的大团队、大平台、大项目建设有待加强。[19]

4. 团队科研经费与软硬件资源分散整合不足

科技经费与软硬件资源是维护高校工程科研团队平稳顺利运行和科研活动持续深入开展的最主要因素。尽管国家对高校科研的投入在逐年增加,但持续稳定的经费支持仍然相对有限。大跨度的团队由于涉及多学科和政产学研用多个部门,资源整合和有效共享不足,跨部门、跨学校、跨学科的协同创新机制亟须完善;团队研究方向的前沿性和高风险性难以获得持续经费支持;实行首席科学家负责制(PI 制)具有积极意义,但 PI 团队一般有固定的研究领域,其特点和优势在于"我能干什么",而不是有组织科研需要的"要我干什么",而且不同的 PI 团队存在竞争关系,存在单个团队项目竞争容易失败,多个 PI 团队之间交流合作与经费共享不够,缺乏多元化的经费来源和资源获取途径等问题。[20]团队所在学院实验室和研究生指标不足,科研载体功能与人员存在重合,重大科研基础设施和先进大型仪器设备匮乏与共享不足,数据处理、仿真模拟等科研软件的缺乏或版本老旧,功能有限无法满足新技术的需求,团队缺乏进行复杂科研任务所需的实验室条件,竞争激烈、矛盾突出导致团队成员耗费大量时间精力忙于不断申请项目、租借仪器设备开展实验研究、协调处理各类关系,影响了对国家战略需求的响应速度和工作效率。[17]

5. 团队文化建设与组织氛围营造尚须推进

团队精神与文化建设有助于团队形成凝聚力和认同感。当团队成员间建立起信任和友好关系时,他们更愿意相互支持、分享经验和交流合作,进行知识传承与创新。团队凝聚力有助于提高团队合作效率和创新能力,提升有组织科研的整体成效。有共同价值观和共同目标追求、有组织的、能协同作战的建制化队伍才是团队,才具有"战斗力"。[18]当前团队的沟通协同意识还有待加强,有些"团队"看起来在编制和人数上都有一定规模,但是实际上各干各的。团队的运行和发展建设、团队成员的行为都受价值观念和文化氛围的影响甚至支配,只有成员共同树立与科研任务目标相一致的价值理念,才能勇于战胜困难,团结一心去实现国家的战略目标。当前高校工程科研团队文化建设和组织氛围有待完善,成员对组织共同的任务目标、责任使命、发展规划和路径不清晰,对团队价值的认同相去甚远;团队没有营造轻松和谐、合作共助、热情饱满的氛围,成员间相互排斥排挤,以各自利益为重,单打独斗,潜能难以挖掘,科研效率低。工科研究生将导师称为"老板"已是常态,存在"大老板"压榨"小老板"、"小老板"压榨学生的现象,团队成员平等尊重不足,团队本应有的单纯的知识探索和学术追求被成果产出和经济效益所取代,急功近利的文化氛围深深影响了有组织科研组织模式创新的优势发挥。[21]

6. 体现工程科研团队特征的考核评价体系还未形成

有组织科研的任务特点是面向国家战略,当前高校比较热衷于科研平台建设,以便抢占该领域的领先学术地位,对于是否满足并解决了国家和行业的重大需求和关键问题则不够关注。未能将集中力量、集中优势承接并解决重大科技问题作为工程科技团队考核评价的首要标准,评价依然重点以论文、奖项、"人才帽子"为关键指标,对研究水平和研究成果的评估主要通过考核压力向下传导的方式,高校对于有组织科研应该解决的关系国家核心竞争力的重大创新问题关注不够。[22]现行个人主义倾向严重的科研津贴资助和偏重量化的成果评价等经济利益分配制度不利于团队合作,没有在成员间建立明确的科研过程中的经费奖励以及后续成果转化后所得利益的分配制度,容易引发团队矛盾冲突。[23]团队成员过于追求个人利益,倾向于"短平快"科研项目而不愿将时间精力花费在周期长、见效慢的国家急需的核心技术突破上。[24]工程科研团队成员聘用与考核、职称评定、经费使用、成果评定、绩效评估体系尚不完善或不合理,评价考核对科研成果第一完成人的强调忽视了成员贡献度评判的公平性,影响了团队成员对重大科技攻关的参与热情和团队内部的分工合作,成员的隐形贡献也难以明确体现,跨学院学科专业团队绩效分配的公平公正性更难得到保障。

三、高校工程科研团队开展有组织科研的影响因素

高校以服务国家战略为使命,开展有组织科研存在目标规划、运行机制、组织与文化建设等方面的问题,那么针对问题分析探讨团队管理与合作有效性的影响因素就非常必要。

(一)高校工程科研团队有效性影响因素模型

结合当前学界比较认可的Gladstein[25]和Hackman[26]的团队有效性衡量指标,高校工程科研团队管理和合作有效性包括团队绩效、团队成员满意度、团队生命力三个方面,团队绩效与团队目标规划、运行机制、组织与文化建设等具有非常紧密的关系。绩效包括科技创新成果(论文发表的数量质量、成果转化率、核心技术突破)、工作进度、项目的时间金钱成本、带来的社会经济效益等来评判。团队成员满意度可用成员的幸福感和其自身发展情况来衡量,团队生命力体现为团队成员离职缺勤等行为方式、继续合作研究的意向愿景和团队形成的包括凝聚力等在内的精神内核。团队有效性包括成员个人、团队结构、团队环境、任务类型等四类影响因素(见图1 高校工程科研团队有效性影响因素模型)。这四类影响因素既可以通过影响团队成员间的沟通与交流、合作与竞争、冲突与对立、权力与责任等互动和运作过程来影响团队有效性,也可以直接对团队有效性产生影响。[27]其中成员个人因素包括团队带头人和成员们的个人知识、能力、年龄以及责任心和开放性等人格特征,团队带头人的个人因素对团队互动过程和有效性的影响非常显著,甚至是决定性因素之一。团队结构因素包括规模大小和成员异质性等有形要素,以及组织安排、角色分工、权力配置、自治性等无形要素。团队环境因素既包括先进仪器设备、硬件资源、实验室、工程中心等物理环境,也包含团队内外部制度软环境,即国家和政府政策法规、市场机制、经济社会文化等外部环境和团队内奖酬制度、绩效评估体系、管理规范等内部制度环境;还包括团队内部形成的精神、文化和氛围。[28]最后是任务类型因素,任务反映的是研究的难度,任务的复杂性、新颖性、紧迫性和风险性都会给团队合作带来挑战,对团队有效性的发挥产生直接或间接的影响。[29]

(二)高校工程科研团队开展有组织科研的影响因素分析

1. 任务类型与战略目标影响团队有效运行

高校工程科研团队进行有组织科研必须聚焦国家重大战略,以服务社会发展核心产业、尖端技术突破以及产业链与创业链深度融合为明确战略目标。战略目标在高校工程团队开展有组织科研的过程中引导团队内部形成合力,这一共同的愿景是团队存在、合作与运行的基础,能激发团队凝聚力和执行力,决定成员能否齐心协力取得成功。同时,明确的战略目标有助于保持核心研究方向的稳定性,使团队在追求综合科研能力的同时不偏离核心研究轨道。团队成员可以围绕目标调整自身的科研行动和方向,通过实现个人科研小目标,汇聚成团队

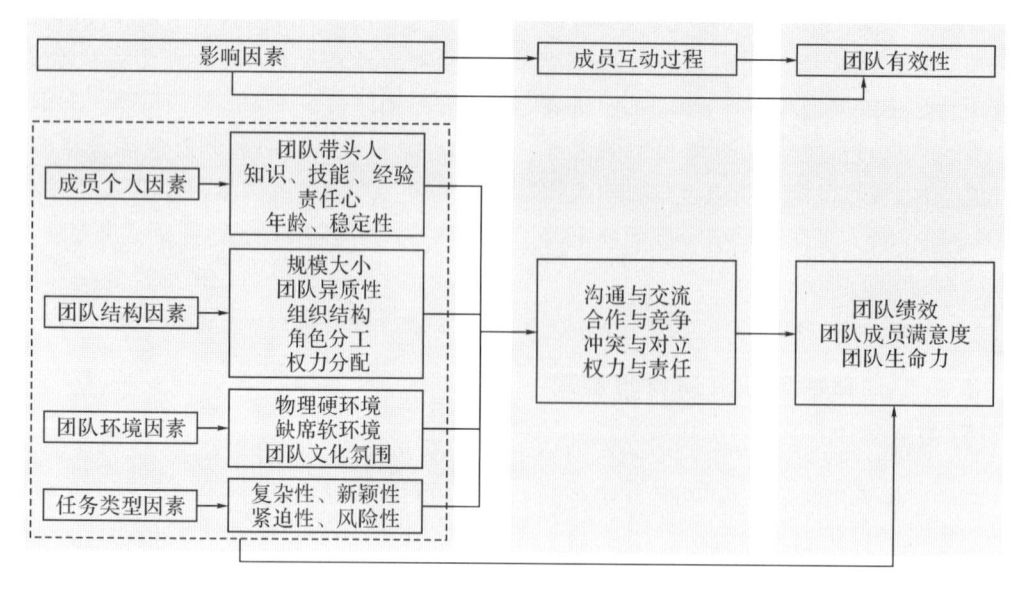

图1 高校工程科研团队有效性影响因素模型

的科研总目标。团队成员围绕共同的目标展开工作不仅能提升团队内部的协作效率，也更易获得外界的认可和支持，从而提升团队在学术界和行业中的影响力和竞争力。

2. 带头人的领导力是团队生存发展的关键

有组织科研的内涵和任务要求团队带头人具有战略科学家的眼光和能力。负责人是团队的灵魂，作为"指挥官"是否具有超群的战略眼光以及非凡的管理决策和协调维护能力决定了团队建设发展和能否和谐有效运行。优秀的团队带头人不仅要是能够洞悉学科前沿和发展趋势、在外争取资源的学科带头人，而且还应是善于协调成员关系并调动其积极性的团队内部管理者、运营者。团队带头人的领导能力、尝试具有挑战性的科研任务和技术突破的勇气、问题发现及解决的思路与方法、对成员的能力培养及日常关心与需求满足、自身所处的学术地位和能带来的资源支持、所信奉的理念精神和营造的文化氛围等直接决定着团队成员间的交流内容、互动方式和质量。[22]

3. 团队规模与任务适配是有效运行的基石

面向重大挑战的任务导向型科研需要有组织科研的大平台、大任务、大团队支撑，同时，自发生成的承担自由探索研究任务的小规模团队也依然发挥着重要作用，团队规模大小应根据科研任务来决定。如果团队规模过大，团队权力界定和责任划分模糊不清，易出现责任推诿现象，导致沟通困难，信息传递不畅，决策过程缓慢，影响团队的凝聚力和执行力；任务不大而团队规模过大会带来人力、物力和财力浪费。团队规模过小，资源匮乏，参与科研的人员和创新思路相对有限，则会影响科研广度和深度；缺乏足够的人力和资源来应对复杂科研问题，进而影响项目进展和科研成果，导致科研效率降低。因此，团队的规模大小需要根据任务要求进行合理控制，至于规模过大过小导致的管理和合作问题，应该通过健全管理和加强团队高效运行和协作沟通来加以解决。[30]

4. 团队成员优势互补是协同创新的必要条件

在需要跨学科合作和综合运用多种技能的工程科研团队中,成员间的优势互补体现在团队成员的专业背景、技能水平、工作经验、管理决策、沟通与人际关系协调以及合作或独立解决问题能力等多个维度上。团队成员的专业知识涵盖研究领域的多个方向,面临复杂工程问题时就能够通过合作充分利用各自的专业优势和特长,成员在技能水平和工作经验上的差异,使得擅长理论研究、实验操作、项目管理等不同方面的成员可相互协作,将各自的技能和经验有效整合,提高团队科研效率。成员解决问题方法和思维方式不同为工程研究带来丰富视角和创新可能性,也为科研创新注入活力。除学科专业知识和技能水平外,团队成员的人际关系处理能力同样重要。勇担风险、与人为善、公正客观、虚心接受、耐心倾听等品质和能力,对于团队的和谐氛围和高效合作至关重要。合理搭配和有效沟通成员间的优势差异才能实现团队整体效能最大化。[31]

5. 团队软硬件环境是创新发展的保障

高校工程科研团队承担国家重大科研攻关项目,需要有力的硬件条件和物质资源支撑,国家提供的经费和硬件条件是一部分,还需要多渠道筹措资源,并通过优化资源配置提高使用效率。同时,也要通过使命感召和激励,激发团队成员承担重大任务的荣誉感和解决社会、行业、企业急难问题的责任感,以提升团队成员的创造力和积极性,增强团队的凝聚力和向心力,促进团队成员间的有效沟通和协作,增强团队成员的归属感。有效的工程科研团队应该是成员间相互尊重信任、包容理解、互相依存、风险责任同担、奖励荣誉共享、每个人都能对团队发展作出贡献的充满学术民主的一个科研创新群体。可以通过加强团队成员之间的交流和沟通、建立有效的激励机制、定期组织团队建设活动、注重团队成员的个人发展和成长等方式来营造和谐的团队氛围。[32]

四、高校工程科研团队有效开展有组织科研的策略建议

(一)明确高校工程科研团队的目标与功能定位

目标是高校工程科研团队建设和发展的行动指南和准则,是对团队未来发展蓝图的总体策划,团队应以面向国家战略需求为出发点,以推动科技进步为使命,聚焦关键核心技术攻关,肩负解决重大工程科技问题、促进经济社会发展的重任。通过基础理论研究、应用技术研发、产业化推广等方式取得具有自主知识产权和国际竞争力的创新成果,为提升国家综合竞争力和实现可持续发展提供有力支撑。在功能定位上,高校工程科研团队应发挥创新引领、人才培养、成果转化、国际合作与交流等方面的作用,依托高校丰富的学术资源和人才优势,积极开展原始性创新和集成创新;通过搭建良好的学术平台和研究环境,培养一批具有国际视野和创新精神的高层次人才,为国家的长远发展提供坚实的人才保障;与企业合作开展技术研发、共建产学研基地等实现科研成果的商业化和社会化;通过参与国际科技合作项目、举办国际学术会议等方式,加强与国际同行的交流与合作,了解国际工程发展前沿,吸收和借鉴国际先进经验和技术,提升团队的国际影响力和竞争力。

(二)加强战略科学家引领和人才梯队建设

团队带头人在系统规划团队发展、任务分配、成员组织、资源协调、评估反馈等方面发挥着重要作用。要在国家重大科技工程担纲领衔过程中选拔和培养科学和过程素养深厚、眼界开阔,具有跨学科能力、全局观

念和前瞻判断力,善于组织领导并能够大团队作战的战略科学家来引领团队发展。[33]有了带头人,还需搭建工程科研团队人员梯队。团队带头人要挑大梁、担大任、当主角,充分决策并规划团队发展,自主使用经费,合理构建团队结构,明确科研技术路线和团队管理策略。良好环境是团队带头人成长并发挥引领带头作用的保障。同时,高校工程科技团队的创新是一项赓续传承的事业,唯有人才源源不绝才能实现重大科技创新成果的突破。为此,要以国家战略需求及学校和学科团队发展规划为导向,有针对性地吸纳或培养相关研究方向的紧缺人才,给予有潜力的青年科技骨干更多信任和锻炼成长的机会,通过师徒传帮带提供全方位的帮助和支持。同时引进来自不同学科领域、不同学校、地区甚至不同国家的工程科研与关键技术开发人才,使优秀后备人才融入团队并稳定留下,最终实现科研团队内部人才梯队的合理建设。

(三)改革团队成员考核方式和评价体系

在资源投入时应在确保稳定支持的基础上结合竞争性支持,以保障资源的有效配置和充分利用。在考核评审时应综合考虑过程性评价与终结性评价,根据团队成员在包括基础研究、应用研究、成果转化等过程在内的科研任务链中的角色定位和承担任务的实际表现,对其进行动态化分类评价,打造宽松而非死板苛刻的科研环境,避免科研团队成员不愿参与周期较长、成效缓慢的重大技术突破任务而产生浮躁情绪,转而追求短期利益的现象。同时,应当注重团队成员对科研创新成果的切实贡献,重大科技任务的突破离不开团队成员的协作攻关。建立共享合作成果的评价机制,使所有参与成员都能感受到成就感和满足感,从而激发团队成员积极性。此外,应当以团队是否解决工程问题实现工程创新来取代简单量化考核,形式是周期性总体考核,应更加关注团队的原始创新能力和可持续发展能力的考核,在关注科研产出的同时不忘团队整体的学科交叉融合、制度创新、仪器设备建设和利用、成员发展和队伍建设等方面的情况,让考核成为实现有组织科研的助力器,只有这样才能实现高校工程创新团队的持续发展。

(四)完善团队内部学科交叉融合协同机制

随着工程复杂性的增加,面向国家战略的工程问题往往不是单一学科能解决的,重大技术攻关和前沿技术突破需要不同学科专业背景的人才共同承担任务,这就需要打破学科、学院边界和平台、团队壁垒。团队成员应摒弃学科偏见,去除学术门户歧视。团队应设计科学的组织结构和有效的激励机制,以确保跨院系团队成员间的分工和合作顺畅进行、权责划分清晰明确,针对跨学科工程项目,可"一项一制",建立专门的评价标准和奖励机制。整合校内外优质资源,建立跨学科实验室、研究中心等学科交叉融合平台,为成员提供共享的实验设备、数据资源和研究空间。注重跨学科人才的培养与引进,鼓励参与跨学科课程学习、学术交流,提高跨学科素养和能力。还可以与相关学院、研究所等建立合作关系,共同培养跨学科人才。要以重大任务为牵引,以国家重点实验室、工程研究中心、前沿科学中心、集成攻关大平台等高水平创新平台为依托,建设政策特区,打破学科专业界限,赋予平台或团队负责人职称评定、绩效考核、经费使用、人才引进等自主权,打造敢于攻坚克难的攻关团队。

(五)加强有组织科研软硬件资源支持和统筹配置

发挥"新型举国体制"优势,聚焦关键领域,统筹配置科技资源并实现资源有效共享是增强团队创新能力、深化有组织科研的必要举措。学校要根据特定工程科研团队的需求采取个性化措施,打造学校核心科技竞争力,对承接国家重大战略科研项目的团队,采取特殊政策聚焦创新能力提升和加快短板弱项补齐,在实验室空间、人事岗位、研究生名额等方面建立特区管理政策,促进其完成重大科研专项任务。此外,高校要探索建设工程实验室、工程训练中心、验证平台等作为团队人才科学研究和交流合作载体的实体装备设施,建设具有柔性管理理念与制度的大平台,平台各要素在国家政策和市场需求牵引下相互促进,一同向目标靠拢,以服务于大团队基础科研和工程技术开发。[34]建设大平台不仅可以通过培育和吸纳创新人才优化团队结构,还能够模糊学科与团队内部组织界限来形成团队与市场需求紧密结合的团队优势,从而促进工程科研团队的发展与壮大,最终实现政产学研用协同发展,促进大成果产出。

参考文献

[1] 中华人民共和国教育部.教育部印发《关于加强高校有组织科研 推动高水平自立自强的若干意见》[EB/OL].(2022-08-29)[2024-01-27]. http://www.moe.gov.cn/jyb_xwfb/gzdt_gzdt/s5987/202208/t20220829_656091.html

[2] 吴合文,石耀月.高校有组织科研:生成流变、理念指向与难点突破[J].陕西师范大学学报(哲学社会科学版),2023,52(2):53-64.

[3] CURRALL S C,FRAUENHEIM E,PERRY S J,et al. Organized Innovation:A Blueprint for Renewing America's Prosperity[M].Oxford:Oxford University Press,2014:18-19.

[4] 潘玉腾.高校实施有组织科研的问题解构与路径建构[J].中国高等教育,2022(增刊3):12-14.

[5] 刘震,崔曦元.高校在国家关键核心技术突破中的有组织科研机制研究:以清华大学核研院高温气冷堆技术攻关为例[J].清华大学教育研究,2023,44(2):21-29.

[6] 吉本斯 M,利摩日 C,诺沃茨曼 H,等.知识生产的新模式:当代社会科学与研究的动力学[M].陈洪捷,沈文钦,等译.北京:北京大学出版社,2011:4-9.

[7] 张强.何以有组织:澳大利亚高校科研的外部治理机制[J].中国高教研究,2023(1):57-63.

[8] 叶根银.德国政府在高校科技创新中的作用及启示[J].中国高校科技,2014(6):65-68.

[9] 周高峰,韩中,伍志辉,等.高校科研成果工程化创新应用开发人才及其团队建设的研究[J].科技管理研究,2012,32(19):103-107.

[10] GUNS R,ROUSSEAU R. Recommending Research Collaborations Using Link Prediction and Random Forest Classifiers[J]. Scientometrics,2014,101(8):1461-1473.

[11] 曾艳,李琳琳.分布式领导视域中的大学科研团队领导力探究[J].复旦教育论坛,2018(5):91-97.

[12] 井润田.高校科研团队管理与战略科学家能力建设[J].上海交通大学学报(哲学社会科学版),2021(4):43-56.

[13] 万劲波,张凤,潘教峰.开展"有组织的基础研究":任务布局与战略科技力量[J].中国科学院院刊,2021,36(12):1404-1412.

[14] 杨九斌,郭蒙蒙.从"边缘"到"核心":美国研究型大学科研发展中联邦政府角色之嬗变[J].现代教育论丛,2019(3):55-63.

[15] 原帅,贺飞.UCLA重大挑战计划的特点与启示[J].中国高校科技,2018(7):35-38.

[16] 樊春良,李哲.国家科研机构在国家战略科技力量中的定位和作用[J].中国科学院院刊,2022,37(5): 642-651.

[17] 陈霞玲.高校开展有组织科研的组织模式、经验特征与问题对策[J].国家教育行政学院学报,2023 (7):78-87.

[18] 雷朝滋.加强高校有组织科研以高水平科技创新服务中国式现代化建设[J].中国高等教育,2023(7): 19-23.

[19] 赵立雨,朱白雪,高冬祺.高校有组织科研:内涵、难点堵点与化解对策[J/OL].科技进步与对策,1-11. [2024-06-19]. http://kns.cnki.net/kcms/detail/42.1224.G3.20231205.2222.012.html.

[20] 王纬超,陈健,曹冠英,等.对科研组织管理新模式的探索:以北京大学为例[J].中国高校科技,2019 (3):13-16.

[21] 肖春飞,俞菀,罗争光."象牙塔"里,导师怎么成了"老板"?[N].新华每日电讯,2013-03-13(7).

[22] 胡兵,甘晖.高校有组织科研:形成要素、实施困境及路径对策[J].研究生教育研究,2024(2):45-51.

[23] 李明.试论高校科研团队的管理与建设[J].中国高教研究,2007(7):66-68.

[24] 张娟,荀振芳.高校有组织科研的内涵、特征及实施路径[J].高等工程教育研究,2023(6):99-104.

[25] CLADSTEIN G A. Understanding Empathy: Integrating Counseling, Developmental and Social Psychology Perspectives[J]. Journal Counseling Psychology, 1983, 4(30): 467-482.

[26] HACKMAN J R. A Normative Model of Work Team Effectiveness[M]. New Haven: Yale University Press, 1983: 62-70.

[27] 郑小勇,楼鞅.科研团队创新绩效的影响因素及其作用机理研究[J].科学学研究,2009,27(9): 1428-1438.

[28] 戴勇,范明.科研团队有效性与主要影响因素关系研究[J].中国科技论坛,2009(10):102-105.

[29] 刘惠琴,张德.高校学科团队创新绩效决定因素研究[J].科学学与科学技术管理,2005(11):112-115.

[30] 徐佩.企业研发项目团队有效性及其影响要素界定[J].科技管理研究,2009,29(6):458-459,479.

[31] 边舫,王江涛.团队冲突和创业绩效的关系研究:凝聚力和异质性的调节作用[J].实验室研究与探索, 2018,37(10):269-276.

[32] 沈国琪,陈万明.组织气氛对团队有效性影响机制的实证分析[J].数理统计与管理,2009,28(5): 888-895.

[33] 人民网.努力培养造就更多战略科学家.(2024-02-02)[2024-02-15]. http://opinion.people.com.cn/n1/2024/0202/c1003-40171437.html.

[34] 于绥生.原始创新的持续动力问题研究[J].管理学刊,2015,28(5):51-54.

Enhancing Management and Cooperation Effectiveness of University Engineering Research Teams in Alignment with National Strategy: Perspectives of Content and Tasks of Organized Research

Zhou Ling, Wang Xinyi

Abstract: To recognize the great significance of developing new-quality productive forces from a strategic perspective and meet the major strategic needs of the country, it is necessary to achieve a high level of independent technological strength. In this process, it is particularly urgent to give play to the supporting and leading role of higher education, strengthen organized scientific research in universities, and optimize the management and cooperation effectiveness of engineering research teams. This study clarifies the relationship between organized scientific research and university engineering research teams from the perspective of the connotation and tasks of universities' organized scientific research, identifies the problems existing in the construction of university engineering research teams, analyzes the key influencing factors of organized scientific research, and finally proposes countermeasures and suggestions by clarifying team goals and functions, strengthening talent echelon construction, improving evaluation systems, strengthening interdisciplinary integration, and ensuring large-scale platform and resource support.

Key words: Organized Research; University Engineering Research Teams; Team Management and Collaboration Effectiveness

科技管理

Sciene and technology management

Research on Organized Scientific Research Organization Patterns and Innovative Resource Configuration Optimization in Higher Education Institutions

高校有组织科研组织模式与创新资源优化配置研究[①]

|程术希| |王芳展| |雷李楠| |泮进明| |席　萌|

【摘　要】 高校有组织科研是指在高等教育机构内部建立人员组织架构和科研管理机制，通过有计划、系统、有序的研究活动，推动产学研一体化以及各领域科研水平和能力的提高。这种科研活动通常由教师、研究生、高校、企业、政府管理部门等主体组成的科研团队进行，是快速培养人才、高校创新建设、增加国家战略科技力量的重要手段和途径。然而，目前针对高校有组织科研的研究依然停留在基于离散案例的经验性分析和总结，缺乏科学的理论体系和计算方法。

本文基于国内外高校科研管理的典型方式，提取了平台、人力、物质、财务、成果、奖惩、目标、信息等高校有组织科研组织模式的八大关键要素，并在此基础上提出了由人员组织架构元模型和科研管理机制元模型构成的高校有组织科研组织模式元模型，能够对高校有组织科研模式进行系统、全面的描述，可以满足高校科研组织经验分析、共享等需求。本文还对军团式、平台式、独立式三种典型高校有组织科研模式进行了建模和案例研究，通过计算实验的方法模拟了不同高校有组织科研模式在探索类、应用类、攻关类

[①] 作者简介：程术希，浙江大学科学技术研究院副院长。
　　　　　　王芳展，浙江大学科学技术研究院农业与社会发展部副部长。
　　　　　　雷李楠，浙江大学国际联合商学院院长助理。
　　　　　　泮进明，浙江大学科学技术研究院农业与社会发展部部长。
　　　　　　席萌，浙江大学计算机科学与技术学院特聘研究员。

三类科研项目管理中的表现,为各级高校、研究机构等提供了科研模式的组织依据和指导。

【关键词】 高校有组织科研;模式要素提取;组织模式元模型;典型模式计算实验

一、引言

随着信息时代的发展进入瓶颈,时代红利逐渐消退,市场难以找到快速增长点,从增量竞争逐渐转化为存量竞争,保护主义开始在国际上大行其道。[1]2020年以来受到新冠疫情影响,全球GDP下滑3.1%,国内GDP增速大幅放缓,社会各方面资金收紧,科研经费预算也存在不同程度的缩减。[2]"造不如买,买不如租"的思想已然不符合当下的国际市场秩序和经济形势。2022年教育部印发《关于加强高校有组织科研推动高水平自立自强的若干意见》,指出高校是国家战略科技力量的重要组成部分。习近平总书记2023年在《加强基础研究 实现高水平科技自立自强》一文中也进一步强调了高水平研究型大学在科技发展创新中的主力军作用。

受苏联办学模式的影响,我国高校通常采用以直线职能制为主的科研组织模式。[3]美国研究大学采用的是独立于传统院系结构之外的科研组织模式:两栖型组织结构。[4]随着产学研一体化办学理念的推广,目前高校的科研组织形式主要分为三种:依托于科技部、自然科学基金委等国家政府机构的纵向课题;依托于民间资本的校企结合的横向课题;以及高校师生自发研究的独立课题。三类课题分别由国家、行业、研究者主导推动,具备不同的执行周期和组织模式。但是由于科研组织模式较为固化,不同领域、类型的研究课题缺乏科研管理指导,无法针对项目类型、目标、周期及时对科研管理模式进行调整,导致不能发挥科研人员和资源的最大效力。

目前对于科研组织模式的研究主要聚焦在总结现有科技项目实践经验,以及对国内外科技组织模式进行对比分析等方面。这些研究结合时代特征,借助不同案例来探讨各种组织模式的优缺点和适用性。比如孟潇等人通过对比分析政府、企业与大学三类基本科研主体开展跨组织合作模式创新研究。[5]此外,诸如北航长鹰无人机的研制历程[6]和中国科学院大连化学物理研究所[7]的新兴科研组织模式也受到了学术界的广泛关注。另外,一些基于智力资本要素关系视角的科研组织研究也开始崭露头角。这些研究通过分析组织内部成员之间的智力资本互动关系,来创造更好的创新环境和创新成果。[8]然而,现有的研究虽然能够针对特定案例产出有价值的结论和指导,但是依然缺乏对高校有组织科研组织模式的反馈机制和机理模型的理论研究,需要对高校有组织科研进行形式化概念建模和系统性的仿真分析。

本研究从管理学和计算机科学交叉学科视角出发,分析、总结高校有组织科研组织模式要素,包括平台、人力、物质、财务、成果、奖惩、目标、信息八大关键要素。在此基础上,本文提出了高校有组织科研组织模式元模型(ORM),以对人员组织架构和科研管理机制进行建模和分析,同时提出信息反馈子模型、平台支撑子模型、目标导向子模型三种典型反馈机制。最后,本文将模型应用于独立式、平台式、军团式三种典型有组织科研模式,并在探索类、应用类、攻关类三类科研项目上进行仿真实验,对比了不同高校有组织科研模式在不同类型的科研项目、场景上的表现,并提出了一系列用于增强科研管理水平的结论和建议,以优化科研配置,激发社会潜能,提升创新能力。

二、高校有组织科研概念及其组织模式要素

(一)高校有组织科研的概念

高校有组织科研是指为加快基础研究突破,基于国家战略目标,通过推进高水平人才队伍建设、科教融合、产教协同、高水平国际合作、科研评价机制改革,以提升科技成果转移转化能力、强化科技力量、培育高质量创新人才、营造良好创新生态的一系列科研管理举措[9]。

随着数字技术和工具在高等教育、研究和组织中的广泛应用和国内科研人才、团队规模的快速增长,基于传统经验的科研管理模式和方法已经无法满足当前快速集中攻关和全社会创新潜能释放的要求[10]。此时,高校有组织科研应运而生,作为一种全新的科研组织形式,高校有组织科研具备创新方向明确、创新团队交叉、体制机制支持的特点,旨在打造问题和需求导向的面向国家重大需求和科技前沿的科研创新组织体系。

在高校有组织科研中,各个学科和领域的研究人员可以共同进入一个交叉性的团队,从不同的角度、用不同的方法论合作共同解决问题,提高科研成果的质量和效益。此外,通过统筹优化资源配置,构建系统科学的科研评价体系,高校有组织科研能够进一步协同推进交叉性创新高质量成果的产出。高校有组织科研通过对各个领域的科研资源进行整合和优化,实现了资源共享和互补,为多学科交叉创新提供了更好的物质基础和技术支持。同时,高校有组织科研建立了科学的评价体系,采用系统科学的方法对科研成果进行全面、准确和科学的评估,提高了科研成果的可信度和说服力。

高校有组织科研的优势在于能够更好地服务地方发展和国家战略,增强科研创新能力和应用水平。一方面,要培育新学科、新成果,打造创新、人才、发展等方面的优势,需要通过高校有组织科研提升科研成果的社会服务能力,与社会发展紧密结合。另一方面,高校有组织科研能够改进现有的科研评价体系和资源配置方式,赋能科技创新和地方经济发展。

(二)组织模式要素

目前,学术界已对科研组织模式要素的相关问题进行了研究,并取得一些理论研究成果。如李燕等人[11]提出科研组织的战略执行过程主要由七个关键要素构成,包括战略领导、战略规律、战略控制、治理结构、合作联盟机制、创新文化和智力资本;肖建华等人[8]提出科研组织的智力资本,归根结底就是能够实现组织知识生产目标的知识和相关能力,即包括体现科研组织中员工的集体智慧的人力资本、反映组织知识的物理科研平台以及组织制度和文化的结构资本以及反映组织获取外部资源的社会关系网络的社会资本;另外,张晓东[7]通过扎根理论分析得出科研组织发展的4个核心要素:战略规划、组织结构、激励体系与科研价值。

然而,现有的高校有组织科研的组织模式缺乏系统性的考虑和设计。因此,有必要针对高校有组织科研的要素进行整合和优化,形成一个更为全面的组织模式。因此,本文结合现有文献和实践经验,将有组织科研组织模式分解为平台、人力、物质、财务、成果、奖惩、目标和信息等八大要素,以更好地描述、支撑科学研究组织的运行模式与健康发展。

总体而言,平台要素指高校有组织科研管理所依托的科研实体及其技术、成果积累;人力要素包括人员数量、人员结构和人

员素质等方面;物质要素则包括设备、场地、资金等;财务要素需要进行精细预算和管理以保证研究活动的可持续性和效益;成果要素是评价研究活动的重要指标;奖惩要素通过激励机制来促进研究人员的积极性和创造性;目标要素需要明确研究的目标和任务;信息要素则是在科技时代尤为重要的一环,需要借助互联网和其他信息技术手段实现信息共享和交流,以提高研究成果的质量和效益。高校有组织科研的成功开展离不开这八大要素的合理协调和整合。以下是每一要素内涵与作用的详细说明,各个要素之间互相影响关系将在第三章中介绍。

1. 平台要素(P)

平台要素指科研依托的平台及其现有的研究基础、相关成果、历史科研项目等。科研项目或课题的研究平台通常是决定科研项目可行性的重要参考之一。平台要素的属性包括平台名称、平台基础(方法、理论、平台、项目、奖项等)、平台描述、相关需求、重大意义等。

在高校有组织科研中,选择研究平台需要充分考虑平台是否能够满足科研项目的需求,包括资源共享和协同研究等方面。同样地,平台的质量和服务也影响着科研人员对平台的使用和信任程度,从而影响物质和财务资源的分配。因此,合理选择和使用研究平台对高校有组织科研项目的顺利开展具有十分重要的作用。

2. 人力要素(H)

人力要素也称为人员要素,包括导师、研究生、工程人员、教辅人员等科研实体。人员素质的高低直接影响着科研成果的质量和效益。人力要素的属性包括人员名称、人员类型(教授、研究员、研究生等)、能力描述、科研状态(科研有效时长、科研效率等)、物质满足度、财务状况、心理状态等。

在高校有组织科研中,人力要素具有重要意义。人力要素是科研成果产出的直接决定因素,主要受到物质、财务、目标、信息四个方面的影响。其中,物质资源能够提供必要的设备和场地支持;财务资源可以保证实验经费、薪酬等的需求;明确的研究目标可以激发人员的积极性和创造性;信息资源可以加速团队间的交流和知识传递,为研究工作带来更多的思路和创新点。

3. 物质要素(M)

物质要素指房屋、设备、实验器材、原料等科研活动开展的必要物质基础。物质要素包括物质名称、物质类型(空间、器材、耗材等)、物质描述(平方数、体积、数量、质量等)、物质状态(是否可用)、物质价格。物质要素是分配的重要资源之一,因此,在高校有组织科研中,要充分考虑物质要素的重要性。合理调配物质资源,是确保科研工作顺利进行和取得高质量研究成果的关键。

物质要素的分配主要依据当前科研项目的背景来进行。同时,根据项目成果完成情况,也会对后续的物质要素供给产生影响。充足的物质要素可以保障科研项目或者实验的正常进行,而缺乏物质要素则会严重影响项目进度和研究成果的质量。

4. 财务要素(F)

财务要素指设备费、劳务费、差旅费等研究开展需要的资金。财务要素的属性包括资金类型(材料费、专家咨询费等)、资金来源(国拨、自筹等)、预算金额、预算去向等。在实际规划或投资过程中,影响资金多少的主要是相关科研方向的现状、需求、意义等背景要素。在高校有组织科研的组织模式中,考虑科研方向的背景要素以及资金的合理使用非常重要。

财务要素的分配主要受到平台和奖惩要素的影响,平台加大投入或科研奖励会导致财务要素的增加,吸引更多的人才进入,从而间接影响相关课题、领域的成果产出。充足财务要素是科研课题顺利开展的重要保障,而缺乏财务要素则会影响项目人员的投入并间接影响成果数量和质量。

5. 成果要素(A)

成果要素是指科研人员在进行科学研究的同时,产出的论文、专利、系统、标准、专著等科研成果。这些成果是科研项目的重要产出,与科研人员的奖惩制度直接相关。同时,这些成果也能够影响科研目标的完成情况和市场信息。成果要素的属性包括成果名称,成果类型(论文、专利、标准等),发表平台(期刊、会议、国家专利、国际标准组织、开源平台等)、成果评级、成果描述等。

科研人员通过不断深入研究,积累并分析大量数据,进行创新性思维,可以产生丰富的科研成果。这些成果不仅有助于推动相关领域的发展,还可以被用于优化产品和服务,提高生产效率和市场竞争力。

6. 奖惩要素(R)

奖惩要素是指在科研管理中作为反馈机制的职称、奖助和失信记录等。科研项目的开展和成果的产出不仅需要科研人员的创新和思维,还需要有效的管理和激励机制。奖惩要素的属性包括奖惩名称、奖惩依据(相关规定)、奖惩缘由、奖惩内容等。

在高校有组织科研中,职称、奖助和失信记录等奖惩要素是主要的反馈机制。它们通常被用来衡量科研人员的学术水平和专业能力,以及项目目标的完成情况。科研人员通过不断努力,完成项目目标并产出优质成果,则有可能获得职称、奖助等正向奖励;而失信行为则会受到惩罚。

7. 目标要素(G)

目标要素是指理论突破、方法研发、模型构造、应用落地等科研目的。这些要素相互作用、相互影响,构成了一个完整的科研目标体系。其中,理论突破是指在某一领域中的创新性理论发展;方法研发则是为了解决一定问题而提出的解决方案和技术方法;模型构造是为了让某些过程更加直观,更易于数据处理而设置的数学模型;应用落地是将已有的理论、方法、模型应用于实际生产和生活中,以产生实际的效果和价值。因此,目标要素的属性包括目标类型(基础攻关、应用落地)、研究领域、问题难度、应用规模、具体内容等。

在高校有组织科研中,科研目标的完成主要基于科研成果来判断。科研人员在实现目标的时候需要进行理论研究、方法开发、模型构建等探索性工作。如果科研人员取得了阶段性成果,说明科学研究已经达到一定水平,同时也需要依此来调整研究方向并设计新的研究计划。科研人员的研究进度和科研成果的质量往往取决于科研目标的设定和完成情况。因此,科研人员需要建立明确的目标体系,并通过不断努力和实践来取得优秀的阶段性成果。

8. 信息要素(I)

信息要素指政策、市场机会、舆论等影响科研进度的外界因素。这些因素会直接或者间接地影响到科学研究的进程和方向。信息要素的属性包括信息标题、信息类型(政策文件、国际要闻、热搜热榜等)、信息情绪(积极、消极)、信息内容等。

除此之外,科研人员取得的创新成果也可以成为新的信息要素。例如重大方法突破的新闻稿,可以促进行业内各个领域的科研工作者、企业家投入更多的资金和精力来开发、应用新技术和新产品。

三、高校有组织科研组织模式元模型

为了能够对高校有组织科研模式进行

形式化的系统描述，本文将高校有组织科研组织模式元模型（Organized scientific Research pattern Model，ORM）定义为由人员组织架构和科研管理机制构成的二元组 ORM =（SoP，MoSR）。其中人员组织架构 SoP 决定科研人员的决策、交流方式以及科研方向的制定和受外界信息的影响程度。科研管理机制 MoSR 决定科研过程中各个要素之间的相互影响以及反馈机制。

（一）人员组织架构元模型

人员组织架构是科研组织模式的重要组成部分和影响因素。本文将人员组织架构（Structure of Personnel organization，SoP）建模为有向图 SoP =（H，E），其中 H 和 E 分别表示人员和关系的集合。集合 H 中的节点可以表示科研决策人员、管理人员或执行人员。每个节点的特征在于其所受影响因素（如物质、财务、信息、目标）和职能（如改变目标、组织人员，或产出成果）不同。集合 E 可以表示人员之间的合作、管理、服从等关系。

（二）科研管理机制元模型

另外，本文还根据要素的重要性和主导关系构建了科研管理机制（Mechanism of Scientific Research management，MoSR）。一套科研管理机制 MoSR =（P，H，M，F，A，R，G，I，E），由上文所提出的八项科研组织要素以及要素之间的相互影响关系组成。

MoSR 由信息、平台、奖惩、目标、财务、物质、成果和人员等八个要素及其之间的影响关系构成（如图 1 所示）。这些要素相互作用，共同影响科研人员的研究方向和科研成果。其中，实线箭头表示要素之间的影响关系，虚线箭头表示要素之间的反馈作用。

信息是高校有组织科研的核心资源之

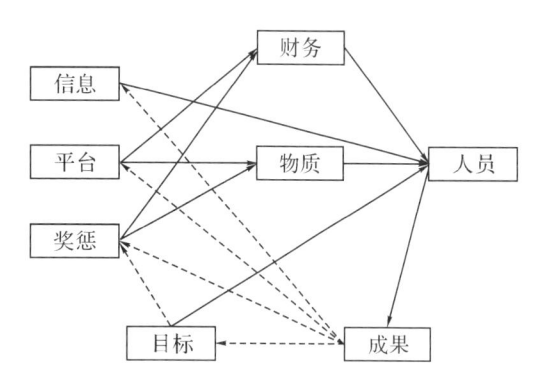

图 1 科研管理机制 MoSR 模型要素及关系

一，它可以促进科研工作的进展和协同，而平台则是信息交流、合作与管理的重要工具。例如，通过互联网平台，科研人员可以快速地获取最新科研成果、共享自己的研究成果以及与其他学者开展深度合作。目标可以为科研制定明确的路线和方向，帮助科研人员设计科研计划、制定研究目标和评估研究成果。科研组织可以通过设定奖励机制，以鼓励科研人员完成项目目标。同时，财务作为一种管理工具，则在其中起到了权衡研究投入与分配的作用。科研组织需要合理分配预算资源，以确保科研项目能够高效地开展和顺利完成。此外，物质和设备等资源的充足程度也直接影响着科研成果的质量和效益。而人员要素则是科研组织中最为核心的要素之一，它们直接参与并影响着科研工作的所有环节。科研人员的专业素养、工作态度和团队协作能力等因素会直接影响科研项目的完成情况和成果的质量。因此，在高校有组织科研中，需要关注并充分利用各个要素之间的关系与相互促进作用，以构建一个良好的科研生态系统。

在此基础上，根据主要影响因素的不同，MoSR 可以分解为信息反馈子模型、平台支撑子模型、目标导向子模型三个子模型。信息反馈子模型是以信息为主导，信息影响科研人员的研究方向、成果和目标。平台支撑子模型是以平台为主导，根据平台需求和现状分配研究物质和财务要素,进而影响人员组织和成果产出。目标导向子模型是以目标为主导,通过对比成果完成情况,根据奖惩要素影响科研的物质和财务基础,从而影响科研人员的组织和产出。

1. 信息反馈子模型

信息反馈子模型由信息、人员、成果、目标等要素构成,其中信息为主导要素,各要素的关系如图2所示。信息要素会直接影响科研人员的研究动力和研究方向,进而作用于研究成果的产出。成果是否达到了科研人员的预期目标,也会从另一个方面影响科研人员后续的研究方向和进度。

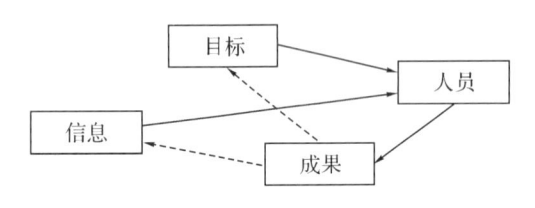

图2 信息反馈子模型要素及关系

2. 平台支撑子模型

平台支撑子模型由人员、成果、平台、物质、财务等要素构成,其中平台为主导要素,各要素的关系如图3所示。平台是科研投入的物质与财务要素的主要决定因素,进而影响科研人员产出成果的速度与质量。而最终的成果又会影响平台本身的营收和科研工作的计划。

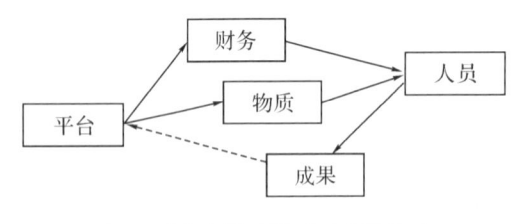

图3 平台支撑子模型要素及关系

3. 目标导向子模型

目标导向子模型由人员、成果、目标、奖惩、物质、财务等要素组成,其中目标为主导因素,各要素的关系如图4所示。人员的产出的成果会和预期目标共同作用于奖惩要素。有重大研究成果、完成目标,会产生相应的奖励,增加科研的物质、财务投入。相反,如果产出成果未能达到预期目标,那么就会相应地减少科研投入。

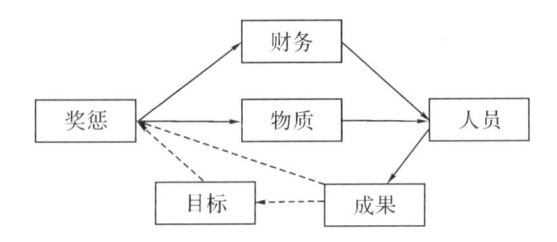

图4 目标导向子模型要素及关系

在实际科研组织管理中,三个子模型是相互影响、共同作用的。根据三个子模型在科研组织模式中的重要程度和影响力的不同,又可以将高校有组织科研组织模式分为军团式、平台式、独立式三种类型。接下来,本文将通过系统动力学方法对三种典型模式进行仿真。

四、高校有组织科研组织模式研究

目前科研组织模式主要分为三类:独立式、平台式和军团式。其中独立式模式指的是独立实验室或研究者基于研究热点或自身兴趣开展科研活动的模式,整体执行符合信息反馈子模型逻辑。一般情况下,这种模式采取扁平化的组织管理,以理事会作为最高决策机构,实施所长或院长负责制,并行设置相关的各种委员会参与决策管理,主要由热点信息和科研目标驱动。

平台式模式则主要指校企合作产学研一体的科研组织模式,整体执行符合平台支撑子模型逻辑,由出资平台决定项目投入的资金、物料,从而影响人员和成果。例如,"联盟模式",在跨国家层面或国家层面组建联盟或通过特定的机构进行管理,如德国亥姆霍兹联合会、欧洲科研基础设施战略论坛、英国弹射中心等。

军团式模式是指将各种科研资源集中在特定领域或课题上，形成一个专业性强、规模较大的研究团队，代表是国家重点专项、面上项目等纵向研究，符合目标导向子模型逻辑，根据预设目标执行奖惩机制，激励人员研发科研成果。常见的有国家重点实验室、美国国家癌症研究所（NCI）、欧洲核子研究组织（CERN）和麻省理工学院人工智能实验室（MIT AI Lab）等。

三类科研组织模式也主要应用于常见的三类科研项目：探索类、应用类、攻关类。探索类项目是指由高校、研究所或企业中的研究人员主导，由国家、省市的科研平台提供的开放基金或人员自筹资金支持的，项目期限一般在一年以内的小型项目。探索类项目的特点在于科研人员独立性强，可以根据学科热点和前沿技术快速研究目标和内容。应用类项目是指由项目发起方提供平台以及配套的物质和资金支持，面向行业典型应用场景，项目期限一般在两年左右的中型项目。如企业委托或企业合作项目，以及部分地方产学研合作项目等。此类项目的特点是以行业应用场景为主，强调技术落地和应用闭环，项目目标随依托项目平台需求调整。攻关类项目是指依托于大型基金，具备完善管理制度，有明确目标导向，项目期限一般在四至五年的大型项目。如国家自然科学基金项目和国家重点研发项目等。

本章分别模拟了在三种典型科研组织模式下，相同科研团队完成不同类型科研项目的情况，以总结、探究现有科研组织模式和经验对高校有组织科研管理的结论和启发。本章的仿真过程基于 Vensim 平台，仿真科研人员规模为 20 人，时间跨度为 15 年，以周为时间单位进行模拟。模拟中，每个研究人员的科研经验随时间增长，成果产出速度与科研经验直接相关，且不超过每人每年 5 项。当研究人员经验超过一定阈值，所产出的成果则有一定概率会是重大成果。当信息影响或平台需求影响达到一定程度，所产出的成果则有一定概率成为与项目目标无关的其他成果。成果和重大成果的完成情况与项目的资金和物质投入正相关，其他成果的数量过多则会影响平台或机构对当前项目的后续投入。资金和物质投入量的改变会引起科研团队人员的变化，两者均与人员数量正相关。

（一）独立式

独立式科研组织模式符合信息反馈子模型逻辑，通常缺乏明确的科研目标和奖惩制度。研究目标主要由科研人员的兴趣、前期成果等决定。科研人员及其研究成果和目标容易受国内外政策、研究热点等信息影响。

在人员组织架构上，独立式科研组织模式通常没有明确的管理层，如高校独立科研团队，导师担任决策者 DM 的同时也要作为执行者 EX 直接参与科研项目的研发，其博士研究生则根据导师指定方向作为执行者 EX 开展研究（如图5）。这样的人员组织架构较为灵活，可以充分发挥个人的主观能动性，但是科研人员之间缺少有组织的交流机制，科研经验积累较慢，效率较低。

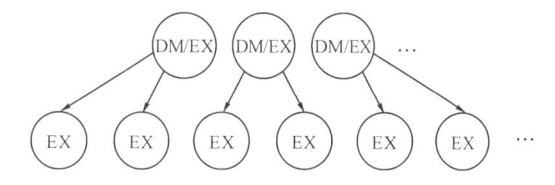

图 5 独立式人员组织架构

在科研管理机制上，以独立研究者、独立研究团队为代表的独立式科研组织模式是信息驱动的。由于缺乏固定的平台和资金的支撑，科研力量较难得到增强，人员数量相对稳定。独立式科研管理模式下科研人员主要依赖所接收到的领域风向、政策等相关信息，以及前期成果相对于目标的完成度来决定研究方向。所产出成果的数量以及成果与最初科研目标的相关性受信息要素影响较大。如果缺乏政策支持或者领域前瞻给予信心，科研人员则容易改变研究方向和目标。

如图6，本文根据信息反馈子模型模拟了通过独立式科研组织模式执行探索类、应用类、攻关类三类科研项目，并统计了最终产出的成果总量、重大成果数量以及和项目目标无关的其他成果数量。

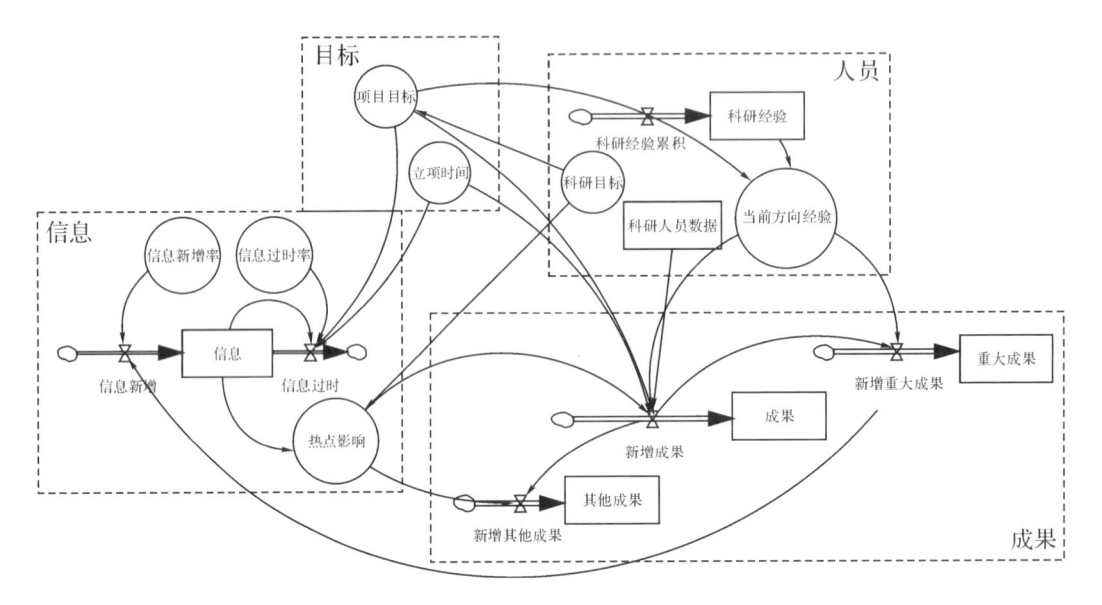

图6 独立式科研管理机制仿真模型

如图7所示，在执行总时长相同的情况下，随着单个项目周期的增长，成果总量是随之增加的。这是因为在相同科研目标的约束下，科研人员积累科研经验的时间越长，项目后期产出成果的速度就越快。但是独立式科研管理下的项目产出重大成果较少，执行探索类或应用类项目时几乎无重大成果产出，执行攻关类项目时，重大成果的期望也仅有26.20项。这是因为独立式科研管理下人员需要不断有政策、舆论、研判等信息刺激，才会有足够的动力产出项目目标相关的成果，否则就会受到其他研究热点的吸引而分散科研精力。与项目目标无关的其他成果数量随项目执行期增加而增多也证实了这一点。

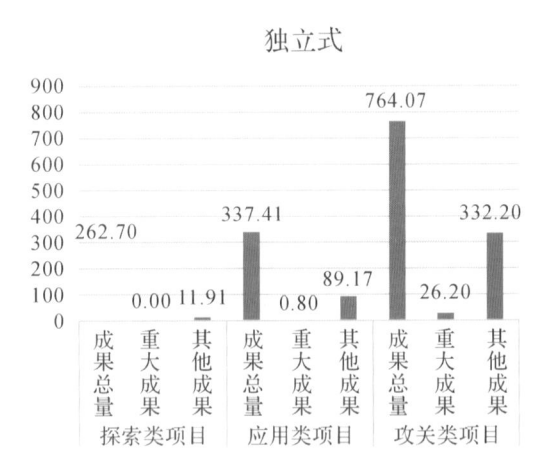

图7 独立式高校有组织科研组织模式在不同类别科研项目执行中的仿真表现

总的来说，独立式科研管理模式的优势在于可以快速改变研究方向，适用于小成本试错的前沿课题。如果通过独立式管理模式开展应用类、攻关类研究课题,成果总量、重大成果数量、其他成果数量确实都会得到不同程度的提升。其中成果总量提升是因为当研究目标受到了项目约束,研究经验得以积累。然而由于独立式模式容易受外界信息干扰,导致其他无关研究开展较多。

(二)平台式

平台式科研组织模式的研究支撑平台通常由企业提供或校企共同搭建,比较容易受研究项目或课题的成果影响,符合平台支撑子模型逻辑。科研目标主要依赖于支撑平台的规划和需要。这种模式下物质和财务的投入力度主要取决于产出成果是否匹配平台需求。因此,在平台式科研组织模式中,科研人员会在一定程度上受到来自平台提供方新增需求的影响,进而调整科研目标。

在人员组织架构上,平台式科研组织模式通常是扁平化管理,如校企合作平台会任命科研主任,在担任研究项目方向决策者DM的同时也作为项目经理PM对研究人员EX进行管理和指导,但其自身不直接参与科研工作(如图8)。平台式科研组织模式为科研人员提供了共同的工作环境和相对一致的科研方向,增加了科研人员之间的交流,有助于科研经验的分享和积累。

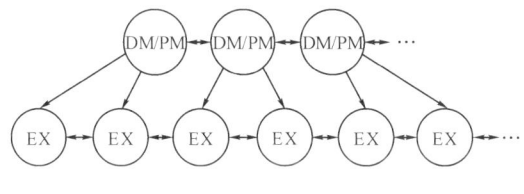

图8 平台式人员组织架构

在科研管理机制上,以横向课题为代表的平台式科研组织模式以平台支撑为主要影响因素。此类模式下的科研活动通常是校企合作,成立科研创新平台,来支撑后续的创新和研发。科研平台会根据项目成果对平台的价值决定后续物质和资金的投入,影响平台科研人员的数量。科研人员产出的成果如果不符合平台预期,极有可能会面临物质、财务支持大幅缩减的情况,而不得不调整科研目标和方向,以满足平台发展需要。

如图9所示,本文根据平台支撑子模型模拟了通过平台式科研组织模式执行三类科研项目,并对科研成果的数量进行了统计。根据图10的统计结果可以发现,由于科研人员经验累积,成果总量随着项目执行期的增长而增加。因为平台式是需求导向的,缺乏长期的战略规划和定力,研究方向会随平台需要调整,导致随项目执行期增长会产生更多与项目无关的其他成果。但是,平台式产生的其他成果占总成果的比例相对独立式更少,这是因为尽管平台会改变需求,要求执行其他科研任务,但领域相对不变,依然与最初科研目标存在关联。相较于独立式,平台式执行各类项目时成果和重大成果总量均更多,原因是一方面平台式中的科研人员之间可以相互交流,科研经验积累较快,成果产出效率更高;另一方面科研人员产出成果后,平台增加投入,科研资源和人力资源可以得到补充,从而进一步提高平台科研工作效率和工作量。

总的来说,在平台式科研管理下,成果对于企业的重要性、对于平台的价值,决定了一个科研项目后续物质、财务投入。科研人员需要不断产出满足合作企业、平台需求的成果,才可以获得后续的物质和财务支持,因而适合产学研一体化的应用类课题。

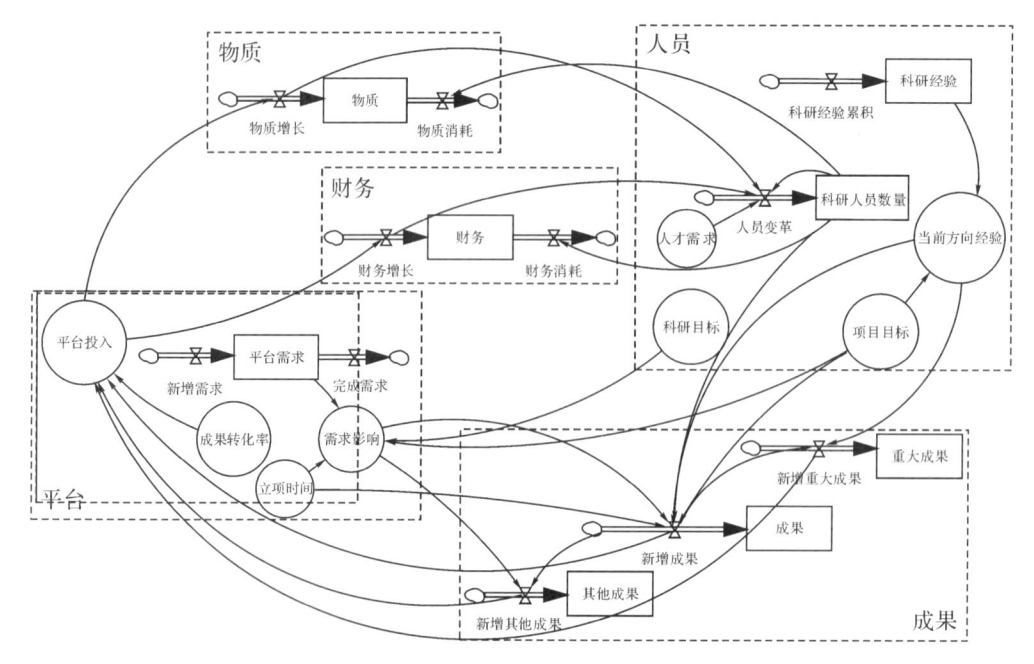

图 9 平台式科研管理机制仿真模型

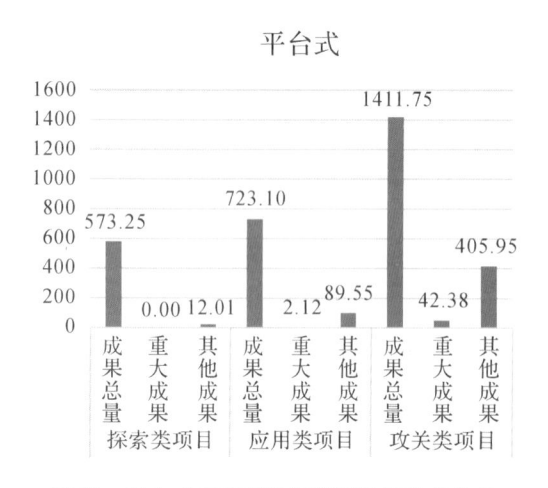

图 10 平台式高校有组织科研组织模式在不同类别科研项目执行中的仿真表现

(三)军团式

军团式科研组织模式具备明确的科研目标和奖惩制度,符合目标导向子模型逻辑。物质和财务的投入力度主要取决于科研人员所产出成果相较于预期目标的完成程度。研究支撑平台通常是高校或研究院所等科研教育机构,较为稳定,不易被单个研究项目或课题的成果影响。此外,军团式科研组织模式中信息要素的重要性较低,科研人员不易受到舆论、科研热点等影响。

在人员组织架构上,军团式科研组织模式通常是树形管理模式,如国家重点研发项目中,科技部担任研究项目方向决策者 DM,项目负责人和课题负责人担任管理层 PM,对研究人员 EX 进行管理和指导(如图 11)。军团式科研组织模式下,科研人员除了日常的科研沟通,还需要定期开展进度汇报和交流,以保证项目按期保质保量完成。

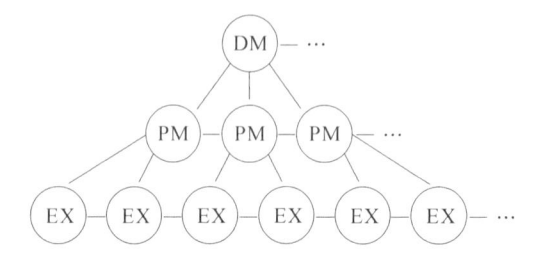

图 11 军团式人员组织架构

在科研管理机制上，以纵向课题为代表的军团式科研组织模式是目标导向的。其特点在于，此类模式下的科研活动通常是上级单位提供资金，委托科研机构完成较为固定的科研、工程目标；且成果和目标完成情况作为衡量科研成果，决定后续物质、财务投入的主要标准。如果科研人员产出的成果满足了既定目标、且有突出创新成果，就可以申请各类奖项，获得更多的物质和财务支持；而如果科研成果不足，或者成果与项目目标不相关，上级机构也会给予项目承担单位、人员相应的惩罚，减少对其后续的物质、财务资助。

图 12 根据目标导向子模型模拟了通过军团式科研组织模式执行三类科研项目的各类成果数量。可以在图 13 的成果数量统计图中看到，相较于平台式，执行探索类项目时，军团式的成果总量反而更少。这是因为军团式人员管理层级多，立项手续多、时间长，执行探索类短期项目时，时间利用率不高。但是在执行应用类和攻关类项目时，军团式均能够产出更多的成果和重大成果，且几乎不产出项目无关的其他成果。这是因为军团式管理模式下，奖惩机制与成果数量、质量以及和项目目标的契合度强相关，因而研究人员工作效率更高且几乎不会参与无关内容。值得注意的是，尽管军团式科研管理模式在执行应用类项目时成果最多，但是相比平台式优势不大，且实际执行中会在财务、管理等环节消耗更多的人力、物力，因而并非执行应用类项目的首选。

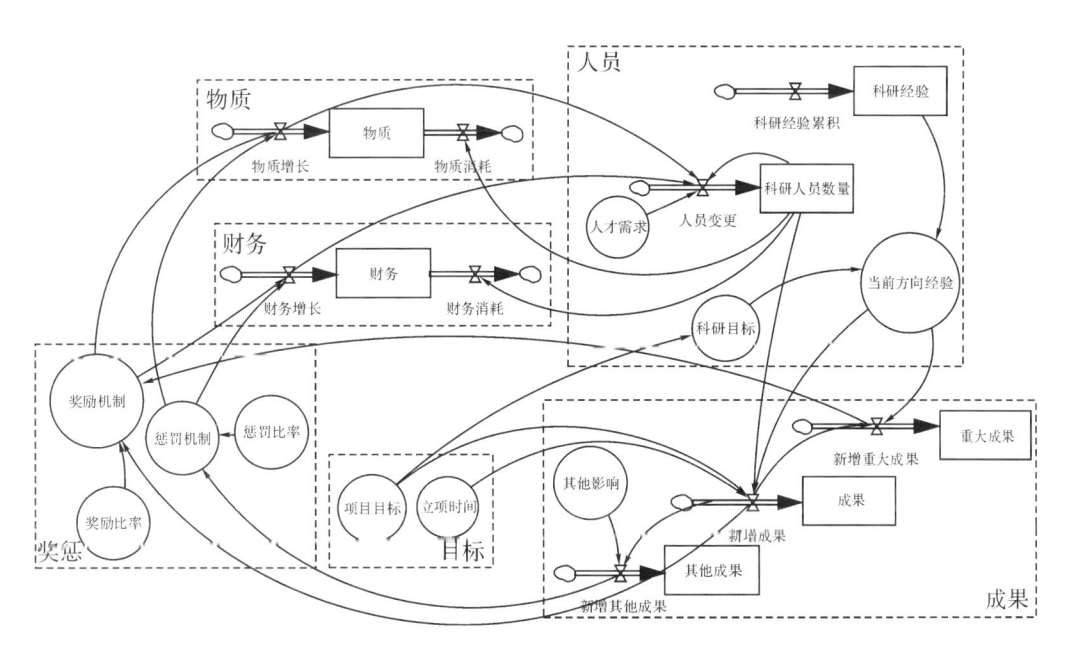

图 12 军团式科研管理机制仿真模型

总的来说，在军团式模式下，科研人员需要不断完成项目目标才可以获得后续资助，且项目目标不因舆论信息或平台需求而改变，因而适用于长期规划项目或大规模科研攻关。

五、主要研究结论与政策建议

本文从管理学和计算机科学视角切入，抽象出高校有组织科研组织模式的八大要素，提出了高校有组织科研组织模式元模

军团式

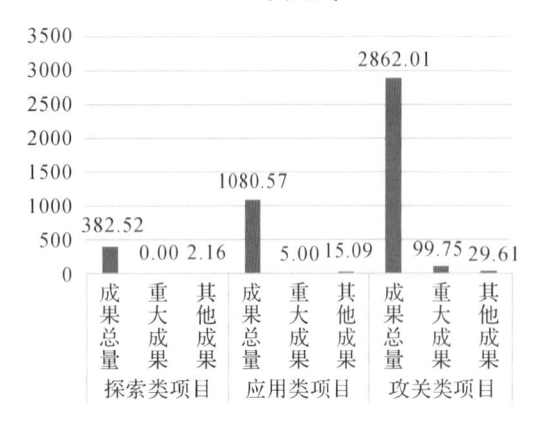

	探索类项目			应用类项目			攻关类项目		
	成果总量	重大成果	其他成果	成果总量	重大成果	其他成果	成果总量	重大成果	其他成果
	382.52	0.00	2.16	1080.57	5.00	15.09	2862.01	99.75	29.61

图 13 军团式高校有组织科研组织模式在不同类别科研项目执行中的仿真表现

型,并总结了信息反馈、平台支撑、目标导向三个典型子模型。本文总结了独立式、平台式、军团式三类典型有组织科研组织模式,并通过系统动力学方法进行仿真实验,探索各类科研组织模式在执行不同类别项目时的表现。基于上述研究内容和实验结果,总结出以下主要结论并提出相关政策建议。

（1）统筹离散科研力量,加强科研人员、机构之间的交流和合作。

在 2020 年科学家座谈会上,习近平总书记提出要通盘研究考虑加强科技力量统筹问题,其核心就是要克服传统科研管理体系闭塞、孤立的弊端,统筹科研力量、共享科研经验。根据三种科研管理方式的仿真结果,尽管平台式和军团式组织模式立项时间更长、管理结构更复杂,但是在成果总量和重大成果产出上都要远远优于独立式科研组织模式。这是因为独立式科研管理中科研人员之间的交流较少,缺乏对高深方向和基础课题长期研究的动力,科研经验积累较慢,且受政策、热点影响更换课题频繁,导致成果数量较少且与立项目标无关的其他成果占比较多。应当意识到,就算是短期探索类项目,有条件的也应该搭建平台,增加研究人员之间的合作交流。2022 年教育部印发的《关于加强高校有组织科研 推动高水平自立自强的若干意见》就明确提出,高校应该推进科技创新项目管理平台构建,整合和优化科研资源,全面推进科技创新。

（2）建立全面有效的科研创新奖惩机制,提升科研主体的主观能动性。

通过比较军团式和独立式两种科研管理模式的成果总量及分布,可以发现随着项目时间跨度的增长,军团式的成果总量逐渐多于平台式且其他成果产出始终较少。一方面奖惩机制能够激发科研人员的科研动力和潜力,并且动态调控项目的资金人员投入,提高科研效率和成果总量。另一方面奖惩机制的存在有助于把控科研方向,与项目目标无关的成果无法为项目研究提供支撑,其他成果过多甚至可能受到处罚,因而可以减少平台需求或热点舆论对于科研人员的影响。同时应当意识到,系统全面的科研奖惩机制将成为科研发展的重要引擎。例如,王碗等人[12]提出的基于平衡计分卡的高校科研绩效评价体系,保证了科研发展战略和目标转化,为提升高校科研绩效评价效益提供了有益参考。

（3）完善科学的创新人才管理机制,培养专业人才攻关。

根据平台式和军团式的仿真实验结果,在同样具备科研人员交流机制和物质财务反馈机制的情况下,军团式科研组织模式在长期攻关类项目中的成果总量超过了平台式的两倍。这是因为军团式的人员组织架构具有独立的决策层,受信息、需求等因素影响较小;而平台式的决策人员同时兼任项目管理人员,更易根据平台实际需求改变研究目标。此外,军团式科研管理模式如高校科研实验室,通常具有完备的人才培养机制,在项目执行中可以根据需要进行人才的科学培养和补充,因而在时间跨度较长的攻关类项目上成果数量更多。应当意识到,在物质资金条件满足的情况下,需要科学系统地进行人才管理和培养,才可以事半功倍地提高科研成果产出。例如,北京生命科学研究所[13]在基础科研人才引进、使用、评价和保障机制方面进行了有益探索,以结果导向,建立以人为核心的支持机制,让科研教学人员有体面的待遇,活得有尊严,全身心投入科研教学,从薪酬待遇水平上体现尊重知识的社会价值导向。

(4)长期持续投入,适当释放积极信号进行引导。

针对战略性大型科研课题的管理,可以总览三类科研管理模式。其中,军团式在长期攻关类项目上表现最优,这是因为经费和物质基础是研究稳定推进的保障。横向科研由于后续缺乏经费而导致研究停滞的情况不胜枚举,要长期坚持科研方向才能有更多重大突破性成果。但是,无论哪种科研组织模式,在项目时间跨度增加的同时,都会产生一定数量的重大成果。因此,在战略性大型科研课题中,除了长期持续投入外,也需要适当释放积极信号进行引导。在重点攻关方向上,长期释放积极信号可以吸引科研人员和机构主动投入,从而推动相关领域的快速发展和创新。

参考文献

[1] 张坤,李巍.贸易保护主义新趋势下金融约束与外商直接投资研究:基于我国行业数据的面板门限模型分析[J].审计与经济研究,2019,34(4):106-115.

[2] WEI X, LI L, ZHANG F. The Impact of the COVID-19 Pandemic on Socio-economic and Sustainability[J]. Environmental Science and Pollution Research,2021:1-10.

[3] 唐琳.世界一流大学科研组织结构创新研究[J].北京教育(高教),2017(1):24-26.

[4] 张洋磊.研究型大学科研组织模式危机与创新:知识生产模式转型视角的研究[J].科技进步与对策,2016,33(11):152-156.

[5] 孟潇,张庆普.跨组织科研合作中知识协同过程模型研究[J].科技进步与对策,2016,33(12):130-137.

[6] 郑舒文,欧阳桃花,张凤.高校牵头国家重大科技项目科研组织模式研究:以北航长鹰无人机为例[J].科技进步与对策,2022,39(10):11-20.

[7] 张晓东,霍国庆.基于扎根理论的科研组织发展模式研究[J].科技进步与对策,2015(15):7-13.

[8] 肖建华,张栌方.科研组织的创新驱动要素研究:基于智力资本要素关系的视角[J].科技管理研究,2016,36(3):101-106.

[9] 潘玉腾.高校实施高校有组织科研的问题解构与路径建构[J].中国高等教育,2022(15):3.

[10] BOGATYREVA Y, PRIVALOV A, ROMANOV V, KONOPKO E. The Organization of Scientific Research Work of Students in the Conditions of the Digital Environment in the Modern Universities [J]. Proceedings of SLET,2019.

[11] 李燕,杨阳,陈曲.科研组织战略执行要素模型构建:基于扎根理论的多案例研究[J].智库理论与实践,2022,7(3):1-12.

[12] 王碗,李薪茹,陈雪平.基于平衡计分卡的高校科研绩效评价体系及应用研究[J].科技管理研究,2022,42(2):52-60.

[13] 易丽丽.基础科研人才管理机制创新:以北生所为例[J].行政管理改革,2017(2):53-57.

Research on Organized Scientific Research Organization Patterns and Innovative Resource Configuration Optimization in Higher Education Institutions

CHENG Shuxi, WANG Fangzhan, LEI Linan, PAN Jinming, XI Meng

Abstract: Organized scientific research in universities refers to the establishment of personnel organizational structures and scientific research management mechanisms within higher education institutions. Through planned, systematic, and orderly research activities, it promotes the integration of industry, academia, and research, as well as the improvement of scientific research levels and capabilities in various fields. This type of scientific research activity is usually carried out by a research team composed of teachers, graduate students, universities, enterprises, government administrators, and other entities. It is an important means and approach to quickly cultivate talents, efficiently encourage innovation, and increase the national strategic scientific and technological strength. However, current research on organized scientific research in universities still focuses on empirical analysis and summary based on discrete cases, lacking of scientific theoretical system and calculation methods.

Based on typical research management methods of domestic and foreign universities, this work extracts eight key elements of organized research organization patterns, including platform, manpower, material, finance, achievement, reward and punishment, goal, and information. On that basis, this work proposes the Organized Scientific Research Pattern Model (ORM) composed of the Structure of Personnel organization (SoP) and the Mechanism of Scientific Research management (MoSR), which can lead to comprehensive descriptions to meet the needs of experience analysis and sharing in university research organizations. Models and case studies of three typical organized research patterns are conducted: legion-style, platform-style, and independent-style are conducted. The performance of different organized research patterns in three types of research project management: exploration, application, and tackling is simulated through computational experiments to provides the organizational basis and guidance for colleges, universities and research institutions at all levels.

Key words: Organized Scientific Research in Universities; Pattern Element Abstraction; Organizational Pattern Meta-Model; Computational Experiments of Typical Patterns.

科技管理
Sciene and technology management

The Logical Construction and Expansion of the Paradigm of Technology Application and Promotion

技术应用推广范式的逻辑构造及其展开①

| 黄云平 |

【摘　要】 技术应用推广范式进一步打破了科技创新与产业创新的界限，深刻影响着技术价值的实现，在技术可获取性、知识积累性、技术转化可能性等维度上改变着产业边界和市场结构，使不同参与主体在竞争合作中呈现异质性和协同性。制度、技术创新网络、产业平台等多要素相互耦合，形成了优质生态环境，使产业多样性创造成为可能。技术应用推广范式的变革推进了新式产学研合作，要素跨境流动和线上线下相结合的创新，减少了创新链条、地域空间、物理场景对技术转化的约束。科技成果从样品到产品再到商品的转化速率更为迅捷，技术应用推广范式向科技成果产品化、技术权益资本化、转移模式多样化、服务能力专业化的方向继续迭代进阶。

【关键词】 技术应用推广范式；技术价值；创新链；产业创新；技术转化

---

① 本文系2024年度浙江省软科学研究计划重点项目"加强我省科技基础能力建设的思路举措研究"（项目编号：2024C25053）和2023年度浙江大学科研管理研究专项"校地共建研究院有组织科研模式研究"（项目编号：K20230145）成果。

作者简介：黄云平，男，汉族，浙江大学发展规划处副处长，法学博士，主要从事科技、教育战略研究。

广度—深度说将技术应用推广范式分为广度模式和深度模式，认为不同模式影响着行业技术变革方式，其观测维度包括创新者的集中程度、企业创新进入/退出难易程度、创新者层次结构的稳定性等。硬核—保护带说认为技术应用推广范式由技术诀窍、特定的操作流程或配方等核心要素（硬核）和制度等外围辅助要素（保护带）构成。共时性—历时性说将技术应用推广范式分为核心层（技术要素）、中间层（制度要素）、知识场域（各类知识），认为各种知识经过流动、转化和整合促使产业技术发生变革。

技术应用推广范式是"范式"在产业创新领域的应用,揭示了某一产业解决技术问题的知识体系、理论模型、思维方式和方法程序等内容,是该产业所遵循的特色甚至特有的生产组织方式。弗里曼和佩雷斯称之为"技术—经济范式",用以研究产业资源配置方式、产业发展方向以及经济和社会结构演变情况。[1]管真书雄等借之阐述技术、经济、组织、知识和制度等因素之间的相互作用及其对技术发展和经济增长的影响。[2]丁云龙教授认为该范式是技术、制度、知识、组织等要素相互作用形成的一种用以表征技术与产业结构关系的模式。[3]可以说理论界已关注到技术应用推广范式作为产业创新底层逻辑的现象,但对于技术应用推广范式的影响因素有哪些、技术应用推广范式如何影响创新、技术应用推广范式往哪个方向发展等实质问题仍是莫衷一是、争论不断,至少存在广度—深度说、硬核—保护带说、共时性—历时性说等理解视角。当前,随着第四次工业革命和第二次机器革命的叠加推进,科技创新与产业创新的联动日益紧密,技术应用推广范式正处于新一轮的动态调整、迭代跃迁之中,各国各地、各行各业均在抢占蕴含其中的机遇。在这样的背景下,深入研究技术应用推广范式的影响因素及其对产业创新的作用机制,探究技术应用推广范式的迭代方向,具有重大而紧迫的理论价值和现实意义。

通过考察国内外大学的科技成果转化情况、分析制药业等产业转型发展的实例,笔者认为,无论技术应用推广范式如何演变,其契合创新链条延展规律、遵循技术价值实现逻辑的要求始终不变。正是基于这样的认识,本文立足于技术应用推广范式可以实现技术价值的基本判断,围绕创新链与产业链的关系,从多方面探讨了技术应用推广范式的影响因素与转型方向等关键性问题。

一、影响技术应用推广范式变革的因素

纵观科技革命和产业变革史,技术应用推广范式一直与产业创新相伴而行(详见表1)。不同产业在知识基础、参与行为者、市场结构、产业创新动力上存在差异,其根本原因在于采用的技术应用推广范式不同。一般认为,技术发明、扩散、商业化是将新技术、新产品成功引入社会环境的三个重要支柱,而从技术和产品的双重属性理解,技术发明的底层逻辑在于技术知识,扩散的根本前提在于参与技术转化过程的主体,商业化的基本可能在于存在有利于产业创新和应用推广的生态环境。不同的技术知识、参与主体和生态环境组合将产生不同的技术创新来源和专有性条件,进而形成不同的技术应用推广范式表现。因此,从多维整合、动态分析的视角出发,技术知识、参与主体和生态环境正是影响技术应用推广范式变革的因素。

表1 技术应用推广范式与产业创新变迁

产业变革阶段	特征	代表产业和科技群落	新旧范式变化	产业组织形式
1760—1840年	早期机械化	农业为支柱产业,纺织业、机械制造业和运输业成为新兴产业/牛顿力学、热力学等	个体加工向小规模加工转变	厂商规模较小,合伙制企业,自由竞争

续表

产业变革阶段	特征	代表产业和科技群落	新旧范式变化	产业组织形式
1840—1900年	机械化过渡到电气化	工业取代农业成为主体产业,第三产业快速成长,如电力、钢铁、汽车工业、电话电报等通信业/电力技术、电磁学等	大规模工人和机器加工的生产方式得以普遍实现	股份公司等形式
1900—1970年	电气化过渡到自动化	第三产业发展最快,占比超过第二产业,如以计算机制造为主的微电子行业/微电子技术等	大规模自动化、标准化流水作业生产出现	跨国公司成为最强大的企业组织,出现垄断巨头
1970年至今	电气化过渡到智能化	三大产业逐渐实现智能化升级,如智能机器人、无人驾驶等/人工智能、量子科技等	大规模定制化出现、多行业智能协作柔性制造出现	以大企业为平台,无数小企业共生生态

(一)技术知识领域影响产业边界

存在于产业的技术知识意味着某个产业以技术创新活动为基础,形成了匹配该产业用户和产品需求的特定技术知识领域。这样的技术知识领域直接影响着产业边界、市场结构。演化经济学认为,不同产业和技术在与创新有关的知识基础和学习过程中存在较大差异。[4]474 实际上,外界识别产业大多依靠特定的技术知识,因为技术知识在产业、企业层面是高度异质的,如制药业在早期的技术知识与化工业较为接近,其技术应用推广范式主要依靠技术许可,到20世纪40年代引入随机性的自然筛选后出现了R&D技术活动(虽然行业自身在随后的二三十年里,并没出现突破性的技术成果,仍以从化学行业获取化合物为主,但此后出现了高速增长阶段),逐步建立了基于分子基因(专业化技术)和DNA技术(通用性技术)的新范式,与制药业相适应的技术知识就很难应用到机械产业。从技术应用推广范式切入,产业边界和市场结构之所以被重新定义,是因为技术可获取性、知识积累性、技术转化可能性等三个技术应用推广范式的关键观测维度所带来的变化。

就技术可获取性而言,它表明了产业获取内外部技术知识的机会。在产业形态趋于稳固时,技术知识和技术轨道瞬时变化的概率就小,企业之间的产业创新水平之争主要锁定在技术的获取条件或进入渠道。受技术应用推广范式约束的技术可获取性越强,产业呈现的专有性和集中度就越低,因为技术可获取性强,某一产业所在的企业就极有可能较为容易掌握关于新技术、新产品、新流程的诀窍或知识。当然,可获取的技术知识与外部科技水平和来源密切相关,可以是重大科学突破带来的改进,也可以是新仪器设备所支撑的技术升级,如大学或科研机构会通过产学研协同创新等方式影响企业的技术知识改造。

就知识积累性而言,新技术知识往往建立在既有的知识基础上,其创造程度在某种意义上取决于知识的积累程度。即便在技术更迭或科技成果转化失败的情况下,亦可能产生新的技术知识,因为企业可针对其中的问题和失败原因进行产业创新攻关和技术积累。企业借助先期积累的技术知识构筑了先发优势甚至垄断优势,在此基础上再开发新的技术知识、转化新的技术成果,则可引入持续性或渐进式的技术应用推广。一方面,技术知识积累来自企业的特定组织行为,因为技术知识生产及转化具有高度路径依赖性,企业的组织能力与自身组织学习何种技术知识、积累哪种技术成果成正向关系。另一方面,技术知识积累来自市场的反馈,因为技术应用推广成功意味着企业能够产生再投入 R&D 技术活动的利润,据此可以开始新一轮的技术开发、成果转化过程。技术知识的积累并非"只进不出",当积累达到相应阈值后便会形成技术知识的溢出现象,进而突破隐性的技术创新专有性。

就技术转化可能性而言,技术成果与产业需求的关联情况是评判产业系统变革情况的关键要素。产业边界随着技术供需变化而变化,这样的供需匹配度可以融入企业的战略实施、产品革新方向、生产网络、同行竞争等方方面面,是企业技术知识转化能力和产业竞争水平的重要体现。在具体的关联形态上,可以表现为"输入—输出"的静态关联,如在产品生产标准化和模块化后,技术供给与产业需求的匹配就走向了简单的对应关系;也可以表现为良性循环和正向反馈的动态关联,如在机床行业的技术创新转化过程中,除了解析较纯粹的机械知识外,还需要对隐性的机械技术进行更多的探究、开展更多正式的 R&D 活动。

(二)不同参与主体的竞合加速技术应用推广范式迭代

第四次工业革命的到来进一步加剧了创新主体的竞合,深刻影响着产业系统的构成和创新链条的延展。政府、大学、企业、科研机构等主体的异质性和协同性并存,如美国学者亨利·埃茨科威兹(Henry Etzkowitz)和荷兰学者罗伊特·雷德斯多夫(Loet Leydesdorff)在 1995 年首次将"三螺旋"概念①应用到社会学领域,并在原有理念的基础上提出了著名的官、产、学三螺旋创新理论,认为大学、企业与政府作为创新主体能形成多种互动关系,可能是大学与企业、大学与政府两者间的互动,也可能是三个主体交叉重叠形成网络关系;这些主体在创新活动中不但保持着自己的独立身份与原有的作用,还在与其他主体进行互动合作时相互交叉影响,形成了三种力量互相交织、螺旋上升的三重螺旋新关系。[5]

从不同参与主体的异质性看,政府、大学、企业等主体在新科技产生、转化等任务中承担着不同的角色,特别是在技术应用推广范式转型进程中发挥着不同的作用。开展技术创新和组织创新是不同参与主体保持异质性的根源之一。在过去的创新活动中,基础研究与应用研究的界限分明,认为基础研究是为了认识事物属性的一般规律,进而提炼抽象的科学理论。[6]科技发展正在进入一个新的时期,一些新的需求变量和交互特征的出现让科技创新系统中各种不同角色都面临适应和重塑的过程。政府作为重大科技创新组织者,需要整合政府、市场、社会等各方面力量,特别是让市场在资源配置中起决定性作用,推动有效市场和有为政

---

① 三螺旋最早是生物学领域的术语,被美国学者亨利·埃茨科威兹(Henry Etzkowitz)和荷兰学者罗伊特·雷德斯多夫(Loet Leydesdorff)用来分析在知识经济时代政府、企业和大学之间的新型互动关系,开创了创新研究的新领域、新范式。该理论不刻意强调谁是主体,而是强调政府、企业和大学的合作关系,任一方都可以成为动态体系中的领导者、组织者和参与者。

府更好结合,通过市场需求引导技术转移转化资源有效配置。大学是基础研究的主力军和科技成果的主要拥有者,也是应用技术创新的源泉,据统计,美国大学科技成果转化率高达80%,而在我国,60%以上的国家实验室和国家重点实验室设在大学,近80%的国家自然科学基金项目和60%的"973"计划项目由大学承担,70%左右的国家自然科学奖和技术发明奖由大学主持完成。企业的异质性受到知识基础、科学经验、学习过程等特性的影响,直接肩负产业基础能力和产业链现代化水平提升的重任,其在市场需求、集成创新、组织平台等各方面独具优势,尤其在产业共性关键技术研发、科技成果转化及产业化、科技资源共享服务等领域的功能无可替代。

从不同参与主体的协同性看,产学研用创新链条贯通是大势所趋。产学研协同创新是一种集结优势、共担成本与风险的创新生产方式,能够快速凝聚产业、高校和科研机构的创新优势资源,聚焦科技与经济发展结合不紧密的问题,实现从基础研究到技术攻关再到产业培育等各环节的相互耦合。在产学研协同创新过程中,知识协同存在知识供需关系,双方投入的知识协同成本(知识贡献成本、知识溢出风险、知识加工成本)过高会抑制创新主体的协同意愿,不利于系统帕累托改进;资金收益与学术收益的增加会提高双方的协同积极性,而收益与协同积极性呈负相关;合理的知识协同成本投入与知识协同收益分配、完善的知识资源共享机制、有效的知识协同激励与惩罚机制以及健全的法律措施是产学研协同创新稳定运行的关键。[7]这类协同可以通过市场和非市场、正式和非正式的方式发生联系,如在化工产业中,化学科技的不断进步加剧了技术知识的独立性,增强了化学科技的可转化性,特别是高额的R&D费用、技术领先的累积效应、出众的商业化能力赋予大型化工企业明显的技术优势和商业优势,但随着合成染料模型等的扩散,大学开始参与其中并发挥重要作用(大学和产业间的关联度增强),特别是聚合化工业的引入更是影响了化工产业结构,让不同细分市场的技术知识更为重要,企业、大学有更多机会联手参与化工下游市场的开发。

(三)优质生态环境助力产业多样性创造进程

在产业的动态发展和系统变革中,存在着制度、技术创新网络、产业平台等多要素相互耦合的演化过程,即技术应用推广范式伴随着产业变革,是产业系统中各要素共生演化、相互作用的结果,这种演化过程渗透于行为主体的异质性特征形成和成果转化的多样性创造过程。在过去的几十年中,计算机产业就经历了这样的过程。大型计算机领域的共生演进特点是:要求产生具有"用户—生产者"关系的大型系统,用户信息系统处于中心地位,同时要求大量的销售和服务投入;其市场结构是高度集中化的,而供应商是垂直整合的;市场领导者(如IBM)主导了整个产业,它在平台上扮演着合作角色,同时引导了技术变化的方向;不同产业系统间的关系和网络的类型与结构有很大差异,这是知识基础特性、学习过程、基本技术、需求特性、关系性关联、动态互补性等共同作用的结果。[4]484-485

制度、技术创新网络等多要素演化到一定程度将趋于稳定,形成较为优质且匹配产业创新发展的生态环境。一方面,专利等知识产权制度和反竞争法等规则对不同产业的技术应用推广范式会产生不同的影响,这种影响往往不是单向的,有时会由产业应用推广侧反作用于制度修改本身。如对于软件产业而言,标准化的环境相当重要,而当源代码公开成为一种标准操作后，就需要在一个细分软件业上产生新的技术分配方法，减少对数据结构的专有化控制，引入更多的协同创新和竞争研发，从而建立在自愿合作基础上的新技术推广模式。另一方面，创新网络与市场结构、产业垂直整合能力等相联系，存在于不同技术转化和产品交换之中，远较技术信息交换、技术竞争的指向更广，如跨越多个领域的新产业技术集群成为产业创新动态变革的新方向，包括互联网—软件—电信、生物技术—制药业等，对原有分散、独立的技术应用推广知识进行整合成为主流趋势。简言之，要促成技术应用推广范式迭代，特别是形成技术成果的扩散之势，单靠技术知识创造还不够，需要科学政策、知识产权保护制度、技术创新网络等共同发力，尤其是要对产业创新动力产生整合性影响。

不可否认的是，技术应用推广范式或产业创新模式成型后，往往表现出一定的排他性，无法接纳新的要素融入。当制度、技术创新网络等多要素演化到稳定的阶段，技术应用推广范式或产业创新模式会形成不可逆转的路径依赖，这可能会导致产业发展会被锁定到较差的技术类型中，如制度或政策无法回应不同创新主体在技术转移转化过程中的异质性，特别是减损了大学与企业之间技术关联度时，则可能出现关乎技术供给质量或产业需求传导的系统性失灵问题。

二、技术应用推广范式转型推动创新跨越

在科技与经济深度融合的进程中，科技创新越来越具有实用性和改造力，新科学发现、新技术发明、新产业变革正引发全球范围的创新潮流。围绕"技术价值实现"这一旨趣，技术应用推广过程演变为各相关方交换或实现技术创新价值的过程，更多的知识、技术、成果转化为现实生产力甚至是新质生产力，让创新链条贯通、创新资源集聚、创新场景驱动等呈现出新动向。

（一）新式产学研合作成为技术应用推广的新常态

不同于以往，第四次工业革命引发的影响之一就是技术应用推广无法脱离基础研究和技术攻关环节而独自存在，创新链条不断向前后端、上下游延展，且彼此之间的界限越发模糊，往往是一个创新主体同时做着基础研究、技术攻关、技术应用推广的工作，或是几个创新主体协同在开展技术应用推广，如高水平研究型大学是科技第一生产力、创新第一动力、人才第一资源的天然结合点，既联系着产业需求侧，又连接着科技供给侧，完全可以凭借多学科交叉融合、跨领域技术攻关、高层次人才引领的综合条件，破除从实验室到工厂车间的障碍，联合科技领军企业在产学研合作上先行先试、走在前列。

技术应用推广范式转型可以进一步促成技术等要素在创新链条自由穿梭，带来了新式产学研合作形式。这种形式在技术应用推广阶段主要体现在以下几个方面。

1. 应用领域更多围绕颠覆性技术和前沿技术

注重以科技创新推动产业创新、以未来技术生成未来产业，在技术层面重视通用技术，在产业层面重视巩固战略性新兴产业、改造提升传统产业，其基本逻辑是以科技创新引领现代化产业体系建设，用颠覆性技术和前沿技术发展新质生产力，催生新产业、新模式、新动能，如我国2023年中央经济工作会议明确提出，广泛应用数智技术、绿色技术，加快传统产业转型升级，打造生物制造、商业航天、低空经济等若干战略性新兴

产业,开辟量子、生命科学等未来产业新赛道。

2. 牵头主体呈现多元协同的态势

企业不是技术应用推广的唯一主体,也不是深度产学研合作的唯一主导方。政府、高校、科研院所、新型研发机构、产业创新共同体、概念验证中心、产业技术创新联盟会等各类创新主体都可成为产学研合作的组织者、推动方,特别是围绕产业创新吸引国内外资金、技术、人才资源,推动基础研究、应用研究与产业化融通创新,如高校可以着眼未来产业重点发展方向,以国家大学科技园为基础,以完善科技创新体制机制为重点,积极探索"学科+产业"的创新模式,加快突破一批关键核心技术,孵化一批具有未来产业特征的高成长性科技型中小企业。

3. 新创新要素不断被引入到技术应用推广阶段

知识、经验、技术等传统创新要素随着产学研合作流向新的创新主体、新的应用场景,技术创新能力随之发生转移。在此基础上,基于数字技术的产业创新持续将数据资源等新生产要素、智能网络等新基础设施吸引到新的生产力与生产关系之中,通过线上平台配置技术资源,实现多主体联动,促成技术转化跨界合作。如广东省在2023年印发《"数字湾区"建设三年行动方案》,提出加快粤东粤西粤北"数字融湾",充分发挥数字政府"大平台、大数据、大服务、大治理、大协同"能力,推动粤港澳数据、人才、物流、资金畅通流动"要素通",数字化新型基础设施"基座通",市场主体投资兴业"商事通",数字产业集聚发展"产业通",社会数字化治理高效协同"治理通",公共服务融合便利"生活通",使数字化成为推动粤港澳大湾区经济社会高质量发展的新引擎。

总之,技术应用推广范式的转型可以带来创新链条的跨越,特别是取代传统的线性创新,通过新式产学研合作在技术转移转化阶段引入新的创新要素、新的技术主体、新的组织模式,增加产业转型的技术供给,生成有利于产业创新的新技术推广方式。

(二)要素跨境流动成为技术应用推广的新趋势

放眼世界,主要发达国家、区域已形成在全球范围内加快技术应用推广的共识,竞相布局先进制造、新材料、现代能源绿色环保等能够引领未来的重大前沿技术方向和产业发展领域,倾尽资源优先发展新一代信息技术、人工智能、生物技术、医药产业、高端装备等,甚至不惜通过技术转移打压遏制别国发展,如美国通过《无尽前沿法案》加大了未来五年内在半导体、量子计算、先进通信等十大关键领域的先进研究和资源投入,欧盟通过"芯片法案"拟将芯片产能从占全球10%提升到2030年的20%。

在技术应用推广范式转型的影响下,技术转移转化具备了链接全球创新要素和技术资源的重要功能,跨国研发、离岸孵化、跨国技术转移、跨境技术投资都可以成为面向全球链接高端人才、前沿技术、优质项目的有效形式,如我国商务部、科技部在2023年发布《关于进一步鼓励外商投资设立研发中心的若干措施》,明确支持外资研发中心参与各地搭建的成果转化对接和创新创业平台,与职业学校开展技术协作,设立实训基地,共建联合实验室等技术技能创新平台。

当技术应用推广范式不断迭代,技术转移转化已不限于一城一域。技术、资本、数据、信息等要素往往会随着人才工作调动、组织战略变动发生全球范围内的流动。在全球技术应用推广网络中,大至国家、区域,中至城市群、高新园区,小至企业、个人,都有可能成为其中的关键节点,美国硅谷、英国剑桥、日本东京湾等区域正是通过工业园、科技园等形式,迅速集聚先进的研发中心和科技领军企业,抢先发展了生物医药、微电子等当时的未来科技和产业,孕育了多个创新型城市和科创中心,率先实现了区域崛起。为此,技术应用推广能力与全球范围内吸附、整合创新要素的能力正相向,如大型跨国公司凭借成熟的全球技术供应体系,形成了较强的全球配置技术要素的能力。

在这样的背景下,区域、国家、全球的技术应用推广网络和技术转移转化体系必然要走向联通。就国内而言,需要完善国家技术转移区域中心布局,引导高校院所、科技企业设立技术转移部门,支持技术转移机构建立行业协会或联盟,鼓励各地方重点培育一批市场化、专业化技术转移机构,甚至开展专业化国家技术转移机构试点,如在我国,可以围绕国家区域战略,构建黄河流域、海南自贸港、粤港澳大湾区等国家技术转移区域中心,深入推进国家科技成果转移转化示范区建设,强化国家技术转移机构和国际技术转移中心考核评价。就国际而言,需要健全国际技术转移与创新合作网络,大力扩大技术出口,发展技术贸易,促进技术进口来源多元化,鼓励企业在全球建设各类研发中心和创新中心,支持各国技术转移机构加强与国外技术转移、知识产权、市场咨询等服务机构深入合作,如在我国,可以完善国际技术转移协作网络,在北京、上海、粤港澳大湾区建设全球技术交易枢纽,支持行业领军企业牵头组建国际性产业与标准组织,促进双向技术转移与创业孵化。

(三)线上线下结合成为技术应用推广的新形式

数字化浪潮下的技术应用推广范式转型摆脱了物理空间的限制,助推技术应用市场朝着线上线下相结合、有形无形相融合的方向发展。① 技术跨界应用不断促进模式创新、业态更迭,以数字技术为代表的新技术与巨大市场、海量数据融合,持续支撑数字经济、平台经济、共享经济创新性发展,如得益于线上线下相结合的技术应用推广形式,我国在移动支付、智慧出行等领域的技术转化能力已居全球领先地位,共享经济从交通出行、商旅住宿向生产制造、知识共享等方面拓展。

技术应用推广范式在物理空间的跨越涉及多方面影响。对于场景改造,政务、医疗、教育等传统领域可借由数字技术以线上线下相结合的形式实现应用推广,进而在智慧政务、智慧医疗、智慧教育等方面培育一批创新型企业和场景解决方案。另外,无人驾驶、无人仓储物流、5G网络、智能工厂等技术亦遵循先进技术与实体经济融合发展的规律,可以展现强大的创新场景供给能力。对于服务形式,技术应用推广借助于互联网、大数据等新技术手段,产生了大量线上线下相结合的技术转移服务平台,催生了研发众包、在线技术检测、实验室托管等方式。

因此,以线上线下相结合方式将新技术落到新场景转化成为育成新业态的重要路径与有效渠道,如许多国家正在推动大中小型企业、上中下游企业、高中低端企业协同发展,催生跨界技术突破,重点是发展网络化、数字化、智能化、平台化发展新业态。其中的逻辑是以数据驱动实现企业线上线下集聚,加强未来产业发展场景供给,探索以场景为代表的新兴产业育成模式。这种以线上线下相结合驱动的产业跨界协同创新体系打破了空间阻隔和时间限制,让无边界创新和全天候创新成为可能,如更多科技成果产业化借由数字虚拟与实体制造融合的形式完成,通过人机协作、机器与机器衔接、

---

① 参见吴朝晖"浙江政协·崇学讲坛"第十九讲报告。

具体的生产、物流、供货在线上完成统筹支配，并与线下物理空间形成闭环过程。

三、技术应用推广范式的迭代方向

科技成果转化日益成为产业经济发展的刚需，技术应用推广范式向科技成果产品化、技术权益资本化、转移模式多样化、服务能力专业化的方向继续迭代进阶，如习近平总书记在2018年两院院士大会上强调，要"促进创新链和产业链精准对接，加快科研成果从样品到产品再到商品的转化，把科技成果充分应用到现代化事业中去"[8]。

（一）科技成果产品化

技术成果的创造性应用和技术应用推广范式迭代，往往会对已有的技术、现存的产品产生明显的替代效果，如智能手机技术对于传统手机行业的颠覆性改造。然而，对于技术应用推广范式的重要性，各国经历了从无意识到有意识、从无序到有组织的过程，美国通过《拜杜法案》允许非政府以外的主体享有政府资助项目产生的专利权就是其中的典型。

虽然我国科技创新目前已经取得了突飞猛进的进展，但是其牵动发展全局的"牛鼻子"作用还未得到充分发挥[9]。技术攻关的主要目的之一应是解决实际问题，包括研制出能满足生产、生活需求的产品，但由于高校和科研院所转化科技成果的意愿不高、企业参与技术应用推广的过程不充分等问题长期存在，导致了科技成果有效供给和有效需求不匹配、转化效果不理想，如《2022年中国专利调查报告》显示我国有效发明专利产业化率为36.7%，其中企业为48.1%，高校仅为3.9%。要改变这一情形，就要遵循技术价值实现的规律，主动适应科技成果产品化的趋势，在及时发现科技成果的价值中促进成果样品化，在善于挖掘市场的需求中推动样品产品化，在完成市场的开辟中推进产品商品化。

当然，在实际操作过程中，要促成科技成果产品化，除了创新主体要在资源、材料、外观、性能、成本、成品率等方面下功夫外，外部产业化的环境同样重要。政府可以新建一批中试转化平台（基地），面向社会提供技术优化、成果熟化、二次开发、小批量生产、性能测试等服务，突出首台套、首批次、首版次应用，支持企业新技术新产品验证、迭代和示范推广，如政府可从挖掘新技术价值的角度，支持企业探索建立概念验证中心、弹射中心等新型组织，联合或鼓励社会资本资助具有市场化潜力的技术成果产业化。

（二）技术权益资本化

在要素融合进程中，技术权益资本化成为关键的主线之一。技术要素与其他要素的融合发展，往往可以增强要素的经济价值和配置效益，进一步繁荣要素交易市场，特别是数据作为新型生产要素，将助力人工智能等科技更好地发展新质生产力和改造传统产业，如数字科技迅速发展促成了信息经济、知识经济、数字经济的产生。

从文本语义和实质要义分析，技术权益资本化并非简单的资本参与技术价值实现的过程，而是涉及科技成果权利确认、权利使用、价值评估、资本参与、交易变现等环节，至少包括技术价值转化为主体权益和主体权益转化为发展资本两层内容。

对于前者，意味着要从调动技术应用推广过程中各方主体的积极性角度出发，完善科技成果和技术价值发现渠道，以权益激励形式健全有利于技术要素自由流动的产权制度，优化科技成果权益分享与收益分配机制。在实操层面，国家可以从强化知识产权管理、保护和运用等角度入手,进一步推进科技成果使用权、处置权和收益权改革,扩大相关单位在科技成果管理方面的自主权,如国家《"十四五"技术要素市场专项规划》要求深入推进赋予科研人员职务科技成果所有权或长期使用权试点,建立职务科技成果赋权和转化容错纠错机制。

对于后者,意味着可以在应用研究、技术开发和产业化等阶段适时引入资本元素,在科学、技术的价值维度之外评估不同成果的经济价值、社会价值和文化价值,从而完善体现技术价值的交易市场。具体可包括:一是构建标准统一、制度完备的技术交易体系,如制定技术数据确权、使用、交易等标准,升级国家科技成果转化引导基金,探索建设国家知识产权和科技成果产权交易机构;二是建立技术交易市场社会信用体系和服务机构信用评价体系,如以专利技术前景、研发水平、商业模式等为关注重点优化评价模式,在全国范围内开展科技成果转让、许可等运营服务;三是健全科技信贷、科技保险等风险补偿机制,如发展关注技术应用早期和推广价值投资的资本,丰富支持技术应用推广的金融产品。

(三)转移模式多样化

技术转移模式代表了高校、企业、科研院所、新型研发机构等各类创新主体的技术价值实现意图,各国或组织往往通过立法形式明确相关实现方式,如美国自20世纪80年代以来,以一系列技术转移法案明确了每个从事科学与工程研究的联邦实验室推进技术转移的义务,通过放权支持大学、联邦实验室等进行科技成果商业化。在我国,《促进科技成果转化法》在第16条规定了6种技术应用推广的实现方式,分别为自行投资实施转化、向他人转让该科技成果、许可他人使用该科技成果、以该科技成果作为合作条件与他人共同实施转化、以该科技成果作价投资再折算股份或者出资比例、其他协商确定的方式。

在创新网络化、协同化的发展浪潮中,参与科技成果转移的主体范围不断扩大,模式越发多样,出现了以技术入股、技术创业、技术并购、产品众筹等实现技术价值交易的形式,具体有技术中试模式(以市场为导向的技术熟化,变成可以为企业或生产部门接受的生产性商品技术)、国际技术集成应用推广模式(将技术分解成若干个任务包,由牵头公司联合国内外知名的研究开发机构协作开发,或者通过购买或委托开发的方式,从国外引进小试技术)、连续技术应用推广模式(以科技人员为主体新建企业,再被并购或成功申请IPO,接着又开启新一轮研发转化的过程)等。

应对转移模式多样化的发展趋势,可以从不同创新主体的特性分类施策,甚至可以建设多元主体融通的新枢纽平台。对于企业,可以探索产业创新共同体模式,支持龙头企业通过供应链关联协作,吸引上下游配套企业和社会化资源协同开展产品共创,特别是引导行业内科技领军企业等各类主体开展协同创新,以新技术、新场景驱动更多新产品新服务涌现,如推广以"企业家+投资人+行业大佬+政府"的技术联合转移模式。对于高校,可以持续推动高校探索成果与知识产权管理办公室、科技成果转移研究院模式,以多元可选的方案带动社会机构、社会资本参与技术成果转化,如完善"技术跟着人走"的技术应用推广机制,以"星期天工程师""院士专家企业行"等技术服务释放科研人员的技术转化潜力。对于新型研发机构,可以以研发和成果转化能力提升为中心强化创业型科学家、技术成果转化型研发人才汇聚,将投资、孵化功能转包给市场化、专业化机构承担,如新型研发机构可将科技成果转化业务委托给深谙技术应用推广范式转型需求的中介机构或科技金融企业。

（四）服务能力专业化

随着社会分工日渐复杂，技术推广工作的专业性越来越强，科技成果转移转化的成效越发取决于创新主体的服务支撑能力。技术应用推广的服务行业逐渐成熟，检验检测、知识产权等细分领域的服务渐成规模，聚焦垂直产业的专业化服务机构不断涌现，新型研发机构、专业化众创空间成为服务产业共性技术研发、促进技术成果转化的重要力量，如科技服务机构提供的技术应用推广服务呈现业态耦合、集成发展的特征，更多的科技服务机构将平台化作为重要发展方向，打造"云端＋线下"的个性化服务方式。

科技成果转移转化涉及的专业服务主要包括供需对接、技术咨询、技术评估、知识产权运营等，涉及产业前景评测、科技成果转化风险评估、科技成果经济价值评价、用户需求调研分析、知识产权保护方案设定、转化协议审查等系列服务，需要在机构建设、人才培育、服务提升等方面持续发力。

在机构建设上，需要推进专业化国家技术转移机构建设，引导众创空间、投资机构、知识产权服务机构、大学科技园等孵化载体加快专业化发展，包括丰富科技成果转化的场景，提高创新资源整合能力等，如可以支持地方通过试点"共同投入、共担风险、共享利益"的技术应用推广合作机制，培育一些市场化、专业化的科技成果转移转化机构。

在人才培育上，需要通过培养机制、培养方案、培养模式创新等，培养一支掌握技术应用推广范式、熟悉科技成果转移规律的技术经理人、经纪人等队伍。如建立可持续的技术转移人才学习与交流机制，特别是围绕技术应用推广范式变革开展技术经理人等群体的社会化培训。

在服务提升上，需要推动由供需对接到成果熟化、资源聚合升级，强化技术经纪、技术集成与经验、技术投融资等服务，建立覆盖流转交易等业务工作和技术应用推广范式转型分析等增值内容的综合服务体系，如鼓励各技术交易机构联合资产评估、法律、拍卖、招标、咨询、投资等各类专业服务机构，围绕科技成果转移转化链条和产业创新过程开展全方位的需求分析和服务保障。

结　语

技术应用推广范式并非无迹可寻，其发展必然遵循"技术价值实现"的旨趣，往"围绕产业链部署创新链、围绕创新链布局产业链"的进路转型。技术应用推广范式的变革进一步打破了科技创新与产业创新的传统分野，形成了更为清晰的"价值发现—价值转换—价值提升—价值实现"等逻辑，促进了创新链与产业链的精准对接。面向未来，要在技术可获取性、知识积累性、技术转化可能性上着力，主动适应新式产学研合作、要素跨境流动和线上线下相结合的创新等趋势，保持不同参与主体在竞争合作中的异质性和协同性，深化制度、技术创新网络、产业平台等要素融合，推动技术应用推广范式向科技成果产品化、技术权益资本化、转移模式多样化、服务能力专业化加速迭代。

参考文献

[1] FREEEMAN C，PEREZ C. Structural Crises of Adjustment，Business Cycles and Investment Behaviour[M]. London：Pinter Publishers，1988：38-66.

［2］KODAMA F. The Techno-Paradigm Shift：Analyzing Japanese High-Technologies［M］. London：Pinter Publishers，1991：47.

［3］丁云龙.产业技术范式的演化分析［M］.沈阳：东北大学出版社,2002:78.

［4］法格博格,莫利,纳尔逊.牛津创新手册［M］.柳卸林,郑刚,蔺雷,等译.上海：东方出版中心,2021.

［5］樊小杰.高校地方研究院发展路径分析：基于三螺旋理论视角下的现实困境与治理［J］.中国高校科技,2022(3):68-72.

［6］张寒,李正风,高璐.超越科学共同体：科技创新共同体的形成何以可能［J］.自然辩证法研究,2022,38(8):48-53.

［7］石琳娜,陈劲.基于知识协同的产学研协同创新稳定性研究［J］.科学学与科学技术管理,2023(9):67.

［8］习近平.在中国科学院第十九次院士大会、中国工程院第十四次院士大会上的讲话［N］.人民日报,2018-05-29(2).

［9］陈劲,朱子钦,杨硕,等.全面创新：制度视角的概念、框架与政策启示［J］.创新科技,2023,23(10):1-12.

The Logical Construction and Expansion of the Paradigm of Technology Application and Promotion

Huang Yunping

Abstract：The paradigm of technology application and promotion further breaks the boundary between scientific and technological innovation and industrial innovation, profoundly affecting the realization of technological value, and changes the industrial boundary and market structure in the dimensions of technological accessibility, knowledge accumulation and the possibility of technological transformation, brings about heterogeneity and synergy in competition and cooperation between different participants. Multiple factors such as institutions, technological innovation networks, and industrial platforms are coupled to form a high-quality ecological environment, making it possible to create industrial diversity. The change of paradigms of technology application and promotion brings the innovation of new industry-university-research cooperation, cross-border flow of elements and the combination of online and offline operations, and reduces the constraints of innovation chain, regional space and physical scene on technology transformation. The transformation rate of technological achievements from samples to products to commodities quickens, and the paradigm of technology application and promotion continues to iterate and advance in the direction of the commercialization of scientific and technological achievements, the capitalization of technological rights and interests, the diversification of transfer modes, and the specialization of service capabilities.

Key Words：The Paradigm of Technology Application and Promotion；Technology Value；Innovation Chain；Industrial Innovation；Technology Transformation

Multi-Dimensional Balance: An Analytical Framework for the Localization of Institutional Research

多维平衡：院校研究本土化的一个分析框架[①]

│张端鸿│ │刘 虹│

【摘 要】 中国的院校研究自国外引进后,经过系列本土化过程形成独特运作模式。既保留了各国院校研究的专业性、应用性和独立性等特点,也具有了多维平衡的特征：一是突破纯粹为学校内部服务的限制,更重视外部宏观政策研究；二是打破不鼓励甚至限制学术发表的约束,更强调学术转化；三是不局限于仅为本校发展提供决策支持,更重视为兄弟高校提供专业咨询服务；四是不拘泥于院校研究网络的专业传播,更重视通过学术传播等多种媒介传递声音。

【关键词】 院校研究；本土化；决策支持

20世纪80年代,我国高校逐渐开始成立高等教育研究机构。随后高等教育研究机构的规模不断扩大,其中绝大部分机构的主要职责是面向本校改革和发展提供决策咨询服务,即从事院校研究工作。与此同时,高等教育研究机构也肩负着学术研究和知识生产的职能。院校研究学者在现实中不得不在院校研究、政策研究、学术研究、横向服务和学术传播等多条线任务中尽量取得平衡。中国的院校研究学者们如何做好兼顾并且获得合理的评价？如何才能在主流评价体系中获得足够的生存空间？这些

[①] 作者简介：张端鸿,同济大学高等教育研究所副所长、副教授,研究方向为高等教育管理。
刘虹(通信作者),复旦大学发展研究院副研究员,研究方向为高等教育政策。

都是中国院校研究本土化发展过程中需要考虑的重要问题。

一、文献综述与问题的提出

中西方语境下的"院校研究"概念存在比较大的区别。美国的院校研究（Institutional Research）通常指的是关于院校自身运行的咨询研究。大学内部需要在教学、研究、财务、学生服务等各个方面进行系统性的评估和数据分析，目的是通过决策支持改进决策，提高教学质量，满足政府监管要求。国内的院校研究概念来自西方，存在一个本土化的过程，有学者认为，我们在学习和借鉴美国院校研究的同时，不能简单地进行移植和参考。中国的院校研究虽然也注重决策支持，但更加侧重于学校的整体发展规划和评估。有学者认为行政驱动、大学管理中的研究文化是院校研究在中国本土化的重要特征。有学者认为，院校研究本土化机制包括模仿机制、强制机制和规范机制。也有学者对院校研究本土化面临的障碍因素进行了分析，认为行政"科层化"、机构功能泛化、缺乏专业人员和制度保障，缺少组织化和制度化设计和安排是导致中国院校研究本土化出现障碍的重要原因。

从中国高校开展院校研究的实际情况看，仅仅按照国际上通行的院校研究分析框架很难充分解释中国院校研究的运作情况，因此本研究旨在通过样本案例A大学的研究，探索一个有效的院校研究本土化分析框架。A大学建立了数据仓库、院校研究数据系统，也通过院校研究促进了学校智慧治理。总体看，各国院校研究都具有专业性、应用性和独立性的共同特点，而中国本土化院校研究分析框架则有其独特性，院校研究需要关切院校内部的决策支持，但要提供高水平的院校研究服务却必须做到"功夫在诗外"，这是中国的社会土壤和社会环境决定的。本土化院校研究并非只需要做到专业化的数据采集、数据分析和有效决策支持，还要重视政策研究、学术转化、横向服务和学术传播，在内向性和外向性之间，在多维平衡之中形成有机衔接的专业性工作体系，这一点在对A大学的研究中得到了充分证实。

二、本土化院校研究为何要重视宏观政策研究？

国际上，院校研究更加注重收集数据、分析数据和决策支持，表现出很强的内向型决策支持服务。我国的院校研究首先要面向本校提供内部决策咨询，这一点毫无疑问，但由于我国大学的发展更多受制于国家和省级行政条线的影响，公共政策因素在很大程度上直接全面、深度影响着高校内部治理。院校决策支持仅仅依靠集中式的院校研究机构很难充分有效发挥效能。很多高校的院校研究机构需要围绕高等教育政策，与国家和省级层面的教育、科技等条线开展充分的对接，及时了解政策动向和行政资源，并结合学校实际情况才能提出有价值的发展方向指导。与此同时，由于中国高校运行管理的同构性，院校研究机构需要更多与兄弟高校同行进行充分沟通和交流，及时共享信息和资源，形成具有生命力的共同体，从而降低工作成本，提高工作效率。

在具体实践中，纯粹为学校内部服务或者纯粹定位于学术研究的院校研究在中国特色的制度环境下很难有生命力，只有深度融入学校的决策体系、行政体系，并密切连接外部政府决策机构，院校研究才有可能切实发挥作用。A大学的高等教育研究所是主要面向内部服务的学校直属科研机构，在高校发展规划和学科专业建设等方面发挥了较为出色的决策支持功能。A大学的院校研究负责人认为,政策层面的延伸研究对提高决策支持的有效性而言至关重要(受访者A1)。

A大学在高等教育政策、高等教育管理与高等教育评估领域建立了三个研究平台。首先是省部级教育智库研究平台,主要面向国家和省级教育行政管理部门提供决策咨询服务,对接教育主管部门承担各种决策咨询任务,同时也为学校层面的改革和发展提供政策解释和建议。其次是省级层面的教育立法与咨询服务研究基地,为省级层面的高等教育立法、高等教育行政立法和规范性文件制定提供前期论证和配套研究,同时也为学校内部治理改革提供咨询服务。再者是省级层面的高等教育督导与评价研究基地,为省级层面的高等教育督导与评价改革提供前期论证和配套支持,同时也为学校内部评价改革提供咨询建议。随着相关教育政策、改革方案和评价方案的出台,院校研究人员在指导和支持本校相关部门更好地面向外部政策变化做好适应性应对方面发挥了重要作用。有学者指出,行政监管过多,高校办学自主权迫使高校"向上看",A大学长期跟踪高等教育政策研究的智库专家认为,"这实际上是一种双向反馈,在为政府部门服务的过程当中,提前为学校的改革和发展做好了理论准备和政策准备"(受访者A2)。

尽管外部政策研究和面向本校的院校研究之间有很强的相关性,但是两者之间仍然需要做好平衡。A大学资深院校研究专家认为,"本校的院校研究机构努力做到'墙内开花墙外香',也尽可能做到'墙外开花墙内香'"(受访者A3)。由于学校和机关部处层面的人事更替速度较快,学校管理层对A大学院校研究机构在政策服务和校内服务上存在认知偏差,新任的领导者往往认为A大学的院校研究机构在政策服务上投入了过多的时间和精力(受访者B2)。青年院校研究人员则感到困惑,"参与比较多的外部政策服务很可能存在争议,但是当主要精力都放在校内服务上时,学校管理者又会认为院校研究人员对外部动向掌握不够"(受访者A4)。一位资深学校领导认为,"无论'墙内开花'还是'墙外开花',首先要保证'墙内香',在此基础上再做到'墙外香',而且'墙外香'也是为了'墙内香'"(受访者B1)。

三、本土化院校研究为何要重视学术转化?

在国际上,院校研究并不鼓励学术发表。相反,"院校研究专业人员从事学术发表还会被认为'不务正业'"(受访者C1)。而在中国当下的高校环境中,院校研究人员还是会面临"不发表就出局"的困境。中国高等教育中的学术成果,特别是高质量的学术论文发表,是衡量教师学术水平、科研能力和学科影响力的重要标准。许多学校的晋升、评优、学科评估等都直接或间接地与学术成果挂钩。"高等教育研究人员必须保证学术产出,行政人员从事院校研究也要面临高教管理系列的职称评审问题。"(受访者A1)。

本土的学术环境要求院校研究人员有良好的学术产出。然而,从事院校研究的高等教育研究人员如果要保障学术成果产出,往往不能走传统的学术研究路线。纯粹的高等教育理论研究、科学研究在学术范式上与院校研究的相容程度并不高。决策咨询研究是决策者的委托研究,重在解决问题,强调服务意识,遵循委托者需求优先原则。但现实中,如果"院校研究学者仅仅专注于咨询工作,学术产出不足,很容易被边缘化,甚至沦为文秘人员"(受访者A1),反之,如果研究人员将时间和精力专注在基础研究上,又很难在应用性的院校研究上取得良好的成效。如何在两者之间架构起桥梁,实现院校研究成果的学术转化就成为院校研究本土化的重要议题。

为了做到学术研究和院校研究的兼顾,以院校研究为基础的案例研究就成为最直接的自然选择。A大学资深院校研究人员表示,"我2014年左右到同济,就基本上确定了走案例研究的学术路径,在服务的过程中把服务案例进行学术的提炼,以案例研究的方式做好学术呈现"(受访者A2)。但是,院校研究也并非必然就能轻易转化为好的案例研究成果。高质量的案例研究不可能一蹴而就,加之院校研究本身并非基于一个独立的案例研究设计而展开,因此院校研究所收集的资料跟案例研究所需要的资料并非完全匹配,这往往导致转化率很低。"十余年来,我的院校研究成果转为学术成果的转化率为百分之五十左右,这已经是很高的转化率了,绝大部分同事或同行的转化率不足百分之十"(受访者A2)。将院校研究中的实践问题理论化、系统化,案例是一个很好的载体。但是,案例研究的学术产出和学术品质要达到一定的学术高度并不容易。"很多学者认为,案例研究的理论性不强,这也是客观存在局限性。"(受访者A2)

另一种院校研究成果转化的路径是量化研究。院校研究学者在开展院校研究的过程中需要以数据和数据系统为基础,尽管有部分数据并不适合公开,但也有相当一部分数据来自公开途径的系统整理和收集。院校研究学者如果有良好的量化研究数据分析基础,并能根据量化研究设计做好数据分析和学术呈现,就能获得相对较好的学术转化。但一些院校研究学者也发现在咨询研究基础上开展量化研究转化存效率并不高。"尽管院校研究数据丰富,但是基础数据存在局限,要在已有变量基础上提出研究假设,并系统推理和验证,形成高质量的学术成果并不容易。"(受访者A6)

四、本土化的院校研究为何要重视横向服务?

在国际上,院校研究是一项院校内部的专业性服务。"院校研究专业人员可以通过院校研究协会开展专业同行交流,但为其他高校提供咨询服务并非院校研究人员的责任。"(受访者C2)不仅如此,很多研究人员认为,"面向其他院校提供咨询服务并取得报酬,是违背职业操守的行为"(受访者C3)。但是在中国本土化的环境下,高等教育学者在为本校提供决策支持的同时,也为兄弟高校提供专业性的咨询服务,这不仅是被许可的,还是一种能够证明专业能力的体现。

本土的学术生态要求高等教育学者出身的院校研究人员能够在平衡好院校研究和学术研究的同时,适度为其他院校提供横向服务。这一方面是因为本土化的院校研究发育还不成熟,并非所有的院校内部都有足够专业的院校研究队伍,因此需要寻求外部专业力量支持。而能够为其他院校提供专业服务,既是对院校研究人员专业能力的认可,也有助于院校研究人员进一步拓展和积累专业经验。另一方面,这也是因为本土化的院校研究人员薪酬体系相对比较落后,无法像国际院校研究专业同行那样享有富有竞争力的薪酬标准。"高等教育研究人员在院校收入分配体系中属于'低收入群体',课时不足,校内咨询服务无法计量工作量,如果不拓展一些横向服务,难以实现可持续发展"(受访者A2),这客观上也需要高等教育学者在平衡本校服务和学术研究的同时,适度承担横向服务项目,补充课题组层面的三级收入分配。

当然要强调的是,中国高等教育学者出

身的院校研究人员在承担横向服务任务时必须保持克制。这一方面是由于时间和精力的约束，承担过多的横向服务项目必然会导致院校研究学者难以保证足够的校内服务和学术工作专注度。A大学资深院校研究人员表示，"我每年只能承担1至2个横向项目，这可以拓展我的专业视野，又不至于对本校服务和学术工作的主责主业产生不利影响"（受访者A2）。另一方面，院校研究学者在选择横向服务院校时也需要有所选择，例如选择与所在单位相似的院校、选择同城近邻院校，都是相对比较理性的选择。A大学资深院校研究人员介绍，"最初合作的院校是异地高校，出差很多，时间精力消耗很大，后来就在同城选择学科结构相似的省属高校做跟踪服务了"（受访者A2）。

五、本土化的院校研究为何要重视学术传播？

在国际上，院校研究同行很重视专业传播。一般情况下，院校研究机构会选择通过学校院校研究机构官网充分披露院校发展数据并进行分析。这本身既是一种院校信息披露责任，也是一种院校专业服务提供。中国高等教育学者从事院校研究注重的往往是另一种传播——学术传播。国际高等教育学术同行尽管也重视学术传播，但其定位与中国从事院校研究的高等教育学者有所不同。国际高等教育学术同行更加注重传播高等教育思想、高等教育理念，而中国从事院校研究的高等教育学者则更加重视传播院校办学理念、院校改革与发展的经验等。

本土化的院校研究通过各种媒介向专业人员、社会公众传递声音，宣传研究机构品牌，有助于传播学校的办学理念和办学经验。这在高校越来越重视资政启民的背景下，已经成为很多高等教育研究机构的重要选择。"校领导和宣传部领导经常鼓励我在媒体上发表评论性文章，他们认为这传递的是学校的声音。"（受访者A2）学术传播在很多情况下也能转化为智库成果。"我的一篇媒体评论被有关部门编发在内部简报上，引起了高层的重视，最终直接推动了相关政策的制定。"（受访者A5）学术传播也有助于塑造院校研究机构的形象，在校内业务职能处室中形成一定的影响力，从而有助于进一步拓展高等教育学者与各职能处室在院校研究领域的合作。"我们所里的老师经常在媒体上发表评论性文章，获得校内很多部门的尊重，这无形中让我们在跟各职能部门合作时的信誉度不断提高。"（受访者A4）

六、结论与讨论

中国院校研究本土化在相当长一段时间以来更加重视国际经验的借鉴和移植，尽管高等教育学术界也意识到院校研究在本土化的过程中面临一些"水土不服"，但是并未深究其内在原因。本研究通过对样本案例A大学的分析，探究了院校研究本土化的一般分析框架，即多维平衡的分析框架——"院校研究专业服务＋重视政策研究、学术转化、横向服务和学术传播"。A大学高等教育研究机构为学校提供决策咨询服务的历程表明，高等教育学者在从事院校研究的过程中，除了要尊重国际院校研究专业性、应用性和独立性的一般原则外，也需要意识到并重视本土化院校研究存在的政策性、学术性和外向性等特征，这些特征根植于中国特色的制度土壤和制度环境，忽略这些因素就很难充分挖掘院校研究学者的生存空间和发展空间。

A大学的高等教育学者在参与内部决策咨询、公共政策咨询、提供横向服务，以及面向兄弟高校院校研究人员交流与合作中,整合工作思路,形成了较为完整的本土化院校研究工作体系。在参与国家政策论证、本校决策支持、横向咨询服务和开展学术传播的过程中形成了各种专业洞察和学术洞察,积极探索院校研究本土化的有效路径。通过院校研究收集学术资料,再积极通过案例研究做好学术转化的探索也初步展现了效果。相信未来随着案例研究在学术主流中占据更高的位置,将能为院校研究从业者争取更大的学术生存空间。高等教育学者需要在多维角色之间实现平衡,不宜局限于单一的纯学术评价,应当充分考虑在多维角色平衡中实现的整体工作有效性,实现学术评价、专业评价、服务评价、传播评价等多维评价。

面向未来,院校研究的本土化还将继续探索和深化,各个高校的院校研究机构也将进一步走向专业化。从现状看,绝大多数高校的院校研究机构依然缺少强大的教育学科支撑,机构资源匮乏,甚至随着人事更替显得比较动荡。一个符合中国学术生态的本土化院校研究机构如何能够获得良好的生存状态?这要求每一个院校研究机构都要展现出自身定力,有所为有所不为。换言之,院校研究机构首先要将服务好本校作为首要的使命,这也是学校财政愿意持续投入的关键。与此同时,院校研究机构也应当适度参与政策研究,形成一定的政策影响力;基于本校案例研究做好学术成果转化,形成一定的学术影响力;在服务兄弟高校的过程中,形成行业影响力;在积极拓展学术传播的过程中,形成传媒影响力。其中,多任务之间的相互支撑与转化,实现多维平衡是关键。唯有如此,才能逐渐探索出院校研究中国化、本土化的生存空间,通过积极有效的院校研究不断支撑高校高质量发展,乃至高等教育高质量发展。

参考文献

[1] CHIRIKOV I. Research Universities as Knowledge Networks: The Role of Institutional Research [J]. Studies in Higher Education, 2013, 38(3): 456-469.
[2] 徐文华. 院校研究的本土化[J]. 煤炭高等教育, 2006(1): 25-27.
[3] 荀振芳, 吴素华. 我国大学院校研究的发展路径及本土化特色[J]. 江苏高教, 2009(6): 6-8.
[4] 屈琼斐. 院校研究及其在中国高等教育发展中的本土化机制分析[J]. 教育学术月刊, 2013(9): 24-28.
[5] 张洁. 略谈院校研究机构本土化[J]. 南京晓庄学院学报, 2009, 25(5): 58-61.
[6] 张端鸿, 刘波, 卞月妍. 院校数据仓库架构与建设的过程研究[J]. 高校教育管理, 2017, 11(2): 26-33.
[7] 蔡三发, 靳霄琪, 刘雨萌. 数据治理视域下院校研究的信息化创新路径:以 T 大学为例[J]. 现代教育管理, 2023(1): 22-30.
[8] 陈孙延, 张端鸿. 院校研究促进高校智慧治理:以 A 大学为例[J]. 北京教育(高教), 2024(6): 27-30.
[9] 张端鸿, 王倩. 院校研究"中国化"之困:条块关系对高校决策系统的影响[J]. 化工高等教育, 2021, 38(2): 2-9, 56
[10] 刘献君. 中国院校研究规范发展的路径[J]. 高校教育管理, 2018, 12(1): 1-6.
[11] 刘献君, 陈敏, 张俊超. 中国院校研究走向成熟的条件、标志及对策[J]. 高等教育研究, 2020, 41(9): 32-39.
[12] 赵炬明. 管理咨询与院校研究[J]. 高等工程教育研究, 2007(2): 53-62, 97.

Multi-Dimensional Balance: An Analytical Framework for the Localization of Institutional Research

Zhang Duanhong, Liu Hong

Abstract: Since its introduction from abroad, institutional research in China has undergone a series of localization processes, resulting in a unique operational model. While retaining the professionalism, applicability, and independence of institutional research in various countries, it also embodies the feature of multi-dimensional balance. Firstly, it breaks through the limitation of serving solely the internal needs of the university to focus on external public policy research. Secondly, it dismantles the constraints that discourage or even limit academic publication, emphasizing academic tranfer instead. Thirdly, it goes beyond providing decision support only for the development of the home university, with more empahsis on offering professional consulting services to peer universities. Lastly, it does not restrict itself to professional dissemination within institutional research networks, but rather, emphasizes conveying voices through various media such as academic dissemination.

Key words: Institutional Research; Localization; Decision Support

高教发展
Higher Education Development

The Exploration and Practice of Talent Strategy in Research Universities: A Case Study of the Multiple Matching of Talent Management at Zhejiang University

研究型大学人才战略的探索与实践：以浙江大学人才工作的多重匹配研究为例[①]

| 许 翱 |

【摘 要】 高校人才战略作为国家人才强国战略的有机构成，是一流大学在可持续发展中的重要资源。制定并实施科学高效的人才战略已然是推动一流高校高质量发展的前提与基础。本文借鉴战略人力资源管理的匹配性理论，以浙江大学"四校合并"以来的人才战略发展历程为研究对象，提出在助力研究型大学取得竞争性优势方面，人才战略发展是一种核心要素，应该与大学内外部环境实现多重匹配，包括与国家发展环境的"外部匹配"、与大学整体战略及发展任务的"纵向匹配"，以及与人才工作各职能之间的"横向匹配"。当前，面向中国式现代化建设目标，针对大学人才发展的新形势、新挑战，研究型大学应该根据内外部环境的新变化，以及由此带来的新问题，进一步推动人才战略发展的蝶变升级。

【关键词】 研究型大学；人才战略发展；可持续增长；多重匹配

---

① 作者简介：许翱，浙江大学人才工作办公室主任、党委组织部副部长（兼）、人力资源处副处长（兼）。

一、研究背景

研究型大学人才战略是国家人才强国战略的重要构成，其不仅是世界上各经济大国与科技强国的博弈焦点，也是实现一流大学治理现代化和可持续发展不可回避的重要议题。国内外相关研究和实践表明，良好的大学人才战略需要根据国家在经济、教育、科技等方面的发展实际，在主要目标、核心价值、实践路径等多方面与大学自身发展的目标定位、办学资源、人才群体特质、组织生态等动态贴合。[1]可以说，人才战略能否实现与学校发展所面临内外部环境的高度匹配，直接关系到大学能否在高质量发展中获得竞争性优势。

当前，面对百年未有之大变局，人才市场的竞争日趋激烈。研究人才战略的发展、优化人才的资源配置，对于实现人才强国战略具有极为重要的现实意义。党的二十大报告深刻指出，人才是第一资源，要深入实施人才强国战略，坚持尊重劳动、尊重知识、尊重人才、尊重创造，完善人才战略布局，加快建设世界重要人才中心和创新高地，着力形成人才国际竞争的比较优势，把各方面优秀人才集聚到党和人民事业中来。[2]研究型大学是人才培育、发展和集聚的主要基地、关键阵地和重要平台，随着我国在科技、经济和外部环境等方面的持续变化，深入研究和调整完善研究型大学的人才战略，将有助于实现与国家中长期科技发展规划以及学校建设内外环境变化的有机匹配，推动大学"引育留用"人才工作体系的高质量发展，建立"聚天下英才而用之"的平台，有效满足新时代人才强国的重大战略需求。

考察发现，浙江大学在制定人才战略时，比较重视与内外部发展环境之间的适应与匹配。特别是自1998年"四校合并"以来，新组建的浙江大学把人才放在学校发展战略的第一资源地位，持续推进人才工作体系的建立。在过去的20多年里，以人才强校战略为牵引，抓住国家经济、科技和教育发展的机遇，积极推进学校的人才战略与国家、社会大环境的"外部匹配"，与学校整体发展战略的"纵向匹配"，以及与人才引进、人才管理、人才服务、人才使用等具体工作落实的"横向匹配"，形成了一种人才工作多重匹配、良性互动的局面。通过一系列整体性、科学性、人性化的引育政策、评价体系和服务体系等方面的制度建设，该校实现了人才战略与人才工作的蜕变和迭代，支撑了浙江大学在全球大学和科教版图的竞争中快速进步，获得了比较明显的胜出优势。基于此，本文拟根据1998年以来浙江大学人才战略的发展历程，着重分析研究型大学如何通过人才战略与学校发展内外部环境的多重匹配，实现具有竞争优势的人才资源配置。这些内容有望为我国高校人才工作提供若干借鉴。

二、匹配性理论

匹配作为战略人力资源管理的重要理论视角，主要强调通过人力资源规划、政策及具体实践，实现组织人力资源配置与组织发展战略以及组织内外部环境之间的契合，让组织得以在发展中获得相对竞争优势。[3]当前，围绕人力资源管理如何实现组织目标这一核心问题，研究者构建或识别了不同的匹配类型[4]、需要匹配的对象，以及匹配的相关路径[5]，论证了匹配对于组织发展绩效的促进作用[6]。从广义匹配观的角度来看，匹配主要可分为纵向、横向和外部匹配。所谓的纵向匹配主要是指人力资源管理战略与组织战略的匹配以及人力资源子系统战略与人力资源管理战略的匹配；横向匹配则主要是指人力资源管理职能与组织其他管理职能间的匹配以及人力资源管理系统内部各职能间的相互匹配;外部匹配强调人力资源管理与外部环境之间的协调一致,强调人力资源管理实践应能够适应外部的制度、文化和社会等特征。[7]可以说,战略性人力资源管理的匹配观为本文所关注的研究型大学人才战略发展提供了一个极具启发性的理论视角。当前,这类人力资源管理的匹配性研究主要集中在企业管理领域,在大学人力资源管理领域不多见。

相较于企业,大学对于人才的资源管理会呈现出更多的复杂性和独特性,涉及国家经济、科学和教育的发展、国家战略需求、学校发展战略、人才战略、学科发展、科学研究、人才培育,以及服务于社会等诸多方面。本文拟将匹配观下的战略人力资源管理迁移到研究型大学人才战略发展领域,这意味着对大学人才战略发展的研究需要关注人才管理及其战略在组织内外部环境有机互动过程中的多重匹配,即,研究型大学人才战略的"外部匹配"要求人才工作要适应国家发展、社会发展的需要,要符合国家人才发展、科技发展的时代要求,要顺应国家对高等教育制度改革的总体把握;"纵向匹配"有着两重形式的匹配:一是,作为研究型大学发展的子系统,人才战略要与大学发展整体战略"匹配",顺应大学的改革步伐,有效面对改革中的新挑战,如在学校发展的总体战略框架下,建立人才工作的发展规划,明确各类人才发展的政策与措施,以及资源配置与环境建设。二是,作为一种公共部门组织,大学的组织职能在于人才培养、学术研究、服务社会和文化传承创新等,人才战略的发展就是为了更好地服务和支撑大学的这些职能;"横向匹配"则意味着要通过人才管理活动之间的相互补充和支持,形成有效的人才发展制度与形态,从而实现最大化的管理服务合力。综合前文分析,本研究拟以广义层面的战略人力资源匹配观为基础,以外部匹配、横向匹配以及纵向匹配为基本框架(见图1),分析讨论浙江大学的人才工作发展是如何贴合不同发展阶段的不同要求,从而实现高质量发展。

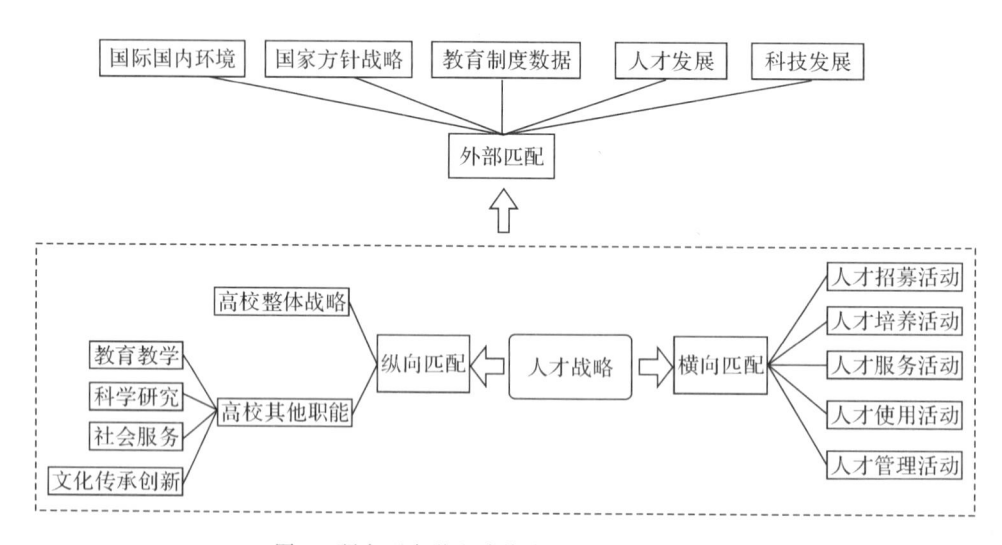

图1 研究型大学人才战略发展多重匹配框架

三、浙江大学人才战略的发展历程

自1998年"四校合并"以来,浙江大学将人才工作放在学校建设和发展的重要位置。从人才发展及其资源配置与优化管理的多重匹配视角考察,该校一直在动态调整并系统构建了人才战略发展体系,回应了在不同历史发展时期"需要什么样的人才队伍"以及"如何发展人才队伍"等问题。

(一)存量整合与人才跨越式发展(1998—2002)

1998年至2002年的5年是浙江大学人才发展的"筑基"期,是整合师资存量与推进人才队伍跨越式发展的打基础阶段。1998年,瞄准国家关于建设世界一流大学的宏伟目标,按照国家高等教育体制改革的任务要求,浙江大学与原本同根同源的杭州大学、浙江农业大学和浙江医科大学合并,重组为一所新的浙江大学。时任校长潘云鹤提出"中国的发展在于寻求跨越,新浙大的发展也要寻求跨越"。面对"四校合并"所带来的机遇与挑战,唯有实现跨越式发展,才能使浙江大学进入世界一流大学的建设行列,其中,寻求人事人才的跨越式发展成为关键。

"四校合并"之初,浙江大学有教职工1万余人及11个学科门类,规模大,学科全,但是教师队伍实力与实现学校跨越式发展目标之间存在不小的差距。一方面,师资队伍和学科领域存在结构上的问题,教学科研水平整体实力较弱。全校教师队伍中具有博士学位的教师比例仅占13%,与教育部直属高校的平均数持平,但远低于清华、北大和复旦等其他头部高校。全校教师中正高级职称人数占比不到20%,人均发表SCI篇数仅为0.05篇。另一方面,由于"四校合并"前各校在人才管理制度、教师待遇考评等方面存在着较大的差别,要将原本分散的、差别较大的四校人才队伍和人才制度等整合重组,则需尽快实现教师群体的价值认同和行动一致,这成为该时期人才管理工作的一大挑战。

面对上述两大难题,学校将人才工作的重点放到队伍融合及其跨越式发展的建设上,通过实施四个方面的举措,构建了人才队伍的发展路径。一是以发展促融合,建立鼓舞人心的发展目标。要实现教师队伍在价值、行动上的一致,不仅需要组织体制的融合,更需要通过设置超前而合理的共同奋斗目标,凝心聚力。学校明确提出了在国内建设一所"综合型、研究型、创新型"的大学,在20年内跻身世界一流大学行列,并在制定的"分步走"计划中,明确五年的基础期,为人才工作提供了制度空间。二是以学科促发展,进行学科调整和制度优化。一方面,以前瞻性、科学性和创新性为原则,重新调整全校的学科和院系设置,重组了20个学院,要求基于学院和学科发展的实际引进人才,优化师资队伍;另一方面,通过实施"三三三"的师资队伍建设制度①,改善师资队伍的学缘结构,引进更多海内外优秀青年博士,强化学科发展的人才支撑。三是初步构建一体化的人才工作制度。按照就高不就低的原则,吸纳或者适当调整过去四校较符合新浙大目标需求的规章制度,成为新浙大的人才发展规章制度。通过制度的有机衔接,实现了师资队伍和人才工作的稳定有序。主要包括强化教师职称评审的竞争激励机制,设置有吸引力的岗位,制定岗位职责,竞聘上岗,实施岗位津贴制度,强化岗位

---

① "三三三"制的主要内容是:具有海外高水平大学博士学位或两年以上海外高水平大学研究工作经历的不少于30%;本科和博士学位毕业于其他985高校的占30%左右;全部本校毕业的不超过30%;本科毕业于非985高校的不超过10%。

聘任激励机制等。四是加强对高层次人才的引进使用。出发点是"不求所有,但求所用",重点是兼职引进高层次人才。在教育部"长江学者奖励计划"讲座教授岗位的基础上,浙江大学设立了"光彪讲座教授",成为最早设立冠名讲座教授的大学之一。同时,积极发挥高层次人才的作用,在重组的20个学院中,12位院长是外聘的著名专家学者,通过聘用包括"两院"院士在内的学界高精尖人才担任学院院长,把握学科发展方向,为建设一流的研究型大学打下较好的基础。

这一阶段是浙江大学人才战略发展多重匹配理念及要素构建的阶段,在"四校合并"的大背景下,学校通过人才跨越式发展的战略实施,意识到了人才工作不仅需要实现与外部环境的匹配,而且需要通过体制机制的改革创新,如充分运用目标激励、理顺学科关系、一体化的人才工作制度体系和高层次人才引进使用等,推动学校人才战略的纵向与横向匹配。这些实践的成效较为明显。至2002年底,全校专任教师数稳定在3650人,正高级职称人数占比达23.5%。"两院"院士从13人增加至15人,长江学者和杰青项目入选者从5人次增加至48人次,国家级教学名师从1人增加至7人,拥有博士后650人,延聘回聘教师数从1998年的865人下降至171人,师资队伍高质量发展的趋势初步形成。然而,这一阶段,学校虽然整体上较为关注人才战略的多重匹配,但客观来说,也存在着纵向和横向匹配较弱的问题,这直接导致学校人才发展面临系列的短板,包括高端人才质与量不足、人文社科的人才队伍建设落后于全校的整体状况,以及多层次全方位的人才发展体系尚待建立,等等。

(二)"优存扩增"与人才强校(2003—2012)

2003—2012年是浙江大学全力奋进的时期,也是人才工作实现存量优化、增量扩张,以及人才强校战略初步形成的阶段。2003年12月,中共中央、国务院在北京召开了新中国历史上第一次全国人才工作会议,强调实施人才强国战略是党和国家一项重大而紧迫的任务。随后,时任浙江省委书记习近平要求浙江大学坚持"师资为基,人才强校"的基本定位。在此基础上,浙江大学发布了《关于实施人才强校战略的决定》,在全国较早地实施人才强校战略,在组织体系、结构体系、引育体系和环境体系等四个方面进行优化调整,系统地推进学校人才工作与人才强校战略的再匹配。

首先,加强人才工作的组织领导,建立明确高效的人才引进工作体系。学校把人才引进工作放在发展全局的重要位置。作为贯彻落实人才强校战略的重要举措,学校于2005年先后成立了人才工作领导小组和人才引进工作小组,对全校人才引进工作进行宏观指导、综合协调和督促检查。依托这一新的组织形式,制定人才引进方略,推进工作机制创新,指导学部和院(系)加强各学科的人才引进,及时研究和解决高层次人才引进的岗位设置、资源配置和相关待遇等问题,从而进一步完善了人才战略与学校发展战略和学院学科建设的纵向匹配。

其次,探索教师岗位分类管理改革,为加速学校发展拓宽人才发展空间。2008年,学校在深入学习实践科学发展观活动试点工作期间,提出了改革教师考核评价机制、实施岗位分类管理的任务目标,并把它作为一项事关学校建设高水平师资队伍、加快建设世界一流大学的重大战略举措。2010年5月,学校正式发布《浙江大学教师岗位分类管理实施意见(试行)》,本着"人尽其才,才尽其用"的基本原则,设置了教学科研并重岗、研究为主岗、教学为主岗、社会服务与技术推广岗等5类教师岗位。同时,采取"分类引导、科学评估、强化激励、动态调整"的办法,引导和激励广大教师根据自身特长,合理定位,明确职业发展目标和努力方向,实现学校事业发展与教师个人事业发展的有机结合。① 这些改革举措进一步强化了人才战略的纵向匹配。

再者,加强对优秀教师的引育工作,为学校发展提供稳定且坚实的高水平人才支撑。一方面,设立校内高层次人才引进计划,组织实施各类人才支持计划。2003年学校参照教育部长江学者特聘教授的聘任办法,提出了《关于试行求是特聘教授岗位制度的若干意见》。2005年出台《浙江大学求是特聘教授岗位制度实施办法》,将荣誉性的高水平人才岗位扩展到自然科学和人文社科全部学科,进一步加强了高层次人才的引育力度。另一方面,基于学校事业的可持续发展,启动了多个层次人才的引育工作,相继建立了海外人才直聘制度(2005年)、大幅提高新引进教师待遇(2007年)、设立海外办事处以强化海外引才网络(2010年)等,系统地提升了人才队伍的国际化水平。与此同时,学校实施了青年教师培育制度,包括"交叉学习计划"(2005)、"新星计划"(2005)、"紫金计划"(2006)、"求是青年学者计划"(2011)等项目,为青年教师的学术提升和有效累积提供机会与平台,助力他们发展成为本学科具有国际竞争力的优秀青年人才。这些举措体现出人力资源管理内部职能之间的横向匹配。

最后,初步构建良好的人才和学术生态,为人才发展提供环境支撑。首先,优化工作条件和资源配置,加强环境建设和文化建设,设立人才引进的绿色通道。学校人才工作领导小组讨论特殊人才的引进方案,包括引入灵活的协议工资制度和建立快速的联动机制,为高层次人才的家属在工作安排、子女就学等问题上开设绿色通道,快速响应人才引进工作中面临的一些困难。其次,针对人文社科发展实际,实施文科人才工程,根据文科发展特性设立特殊的支持政策,包括2010年设立的文科资深教授岗位、2011年启动的文科资深教授和文科领军人才全球招聘及遴选工作;制定符合文科规律和特点的人才引进、考评、职称晋升的评估体系,特别是出台"基础研究人才支持计划",鼓励"甘坐冷板凳",期待"十年磨一剑",培育学术精品。再者,该时期明确提出了面向今后较长一段时间的人才发展战略。学校将2009年确定为人才战略年,部署了"1311"人才工程,重点引进海外高层次人才,大力培养拔尖创新人才。② 同时制定了针对高层次人才队伍建设、创新团队建设和青年骨干提升的三个实施办法。这些举措也体现了人才战略的横向匹配。

这一时期,是人才战略发展多重匹配的体系构建阶段。学校不仅意识到人才战略发展所需要的外部匹配、横向匹配和纵向匹配,而且开始进一步探索如何让这种匹配成

---

① 之前,浙江大学就岗位分类管理已经进行了多年的探索。2006年,学校实施新的岗位聘任办法,对教师进行分类管理考核,对院系下放岗位数和聘任条件,规定教学科研岗教师必须承担本科生课程和研究生培养任务,当年共聘教学科研岗3138人,其中院士、长江、求是、省特81人。2008年,学校出台教学科研人员分类管理意见,将现有教学人员岗位分为教学科研并重岗、研究为主类、教学为主类、应用推广类和其他类,提供多轨道发展路径,做到人尽其才,才尽其用,各得其所,各尽所能。

② "1311"人才工程的主要内容是:到2017年前后,形成100名左右具有国际影响力的高端人才,培养和引进300名左右具有国际知名度的高级人才,建设100个左右面向重大任务或科学问题的创新研究团队,支持1000名左右支撑学校未来发展的青年骨干人才。在此基础上,将师资队伍规模基本稳定在3500人左右,同时大力发展专兼职科研人员队伍。

为可能,如何构建多重匹配的人才战略发展体系。一方面,学校为顺应外部环境的变化,创新性提出了人才强校的战略目标和战略任务;另一方面,通过人才工作的组织领导体系建设和教师岗位分类管理改革,实现了人才工作与学校"人才强校"战略的纵向匹配。在此基础上,强调以"人才"为核心,开始着手构建人才引育、发展的良好工作环境,促进了人才战略与人才具体工作之间的横向匹配。经过十年的努力,全校正高级职称人数达1392人,增长了62.2%,在教师队伍中的占比达41.2%,提高了将近18个百分点。"两院"院士增加至22人,增长了46.7%。长江学者和杰青基金入选者有150人次,增长了2.1倍。国家级教学名师有10人,增长了42.7%。值得一提的是,国家在这段时期启动了海外高层次人才和优秀青年人才引进计划,以及国内青年人才的选拔培育计划。至2012年,学校拥有海外高层次人才项目入选者51人、海外青年项目入选者21人,以及优青入选者22人。

(三)聚天下英才与人才强校战略的深化(2013—2021)

党的十八大以来,浙江大学人才发展面临着新的形势。一方面,2015年国家对新时期高等教育的重点建设作出了新部署,把"211工程""985工程"及"优势学科创新平台"等重点建设项目统一纳入世界一流大学和一流学科(简称"双一流")的建设中;另一方面,学校需要大力提升人才队伍国际化的建设水平,为迈向世界一流大学行列实现战略性突破。针对双重挑战并存,促使该校浙江大学在持续深化人才强校战略中,进一步调整战略定位,向一流人才聚焦,建设具有全球竞争力的人才队伍体系。作为"双一流"重点建设大学之一,浙江大学提出了建设世界一流大学"三步走"的战略规划和"全球开放发展战略"的行动计划。

根据"三步走"战略规划,到2020年,学校主要办学指标和总体排名要进入世界一流大学行列,部分优势学科要进入世界前列。① 这段时期,人才引进的外部形势发生了深刻的变化。以美国为主的西方国家的政策转向导致人才工作日益敏感,海外引才安全成为新的要点,人才回流的挑战和机遇并存。校内,顶尖人才缺乏、高层次人才占比偏低、青年人才培育机制不够健全等问题仍然存在,特别与学校发展的使命和愿景相比,人才队伍急需进一步扩大规模、提升质量。针对新的外部形势,通过组织创新、高层次人才体系创新,以及服务环境创新,浙江大学及时研究、调整与优化人才战略,实现了人才战略的发展与外部新形势与研究型大学内部建设的匹配互适。

首先,推动组织创新,加强党对人才工作的全面领导,实现人才工作蜕变升级。一方面,强化人才工作的组织保障。该校将人才工作定位为党委"一号工程",重组了由校党委书记、校长任双组长的人才工作领导小组,谋划和决策全校人才工作的重大方针和总体规划,形成了党委领导下的全校人才工作协同机制,将政治优势和组织优势转化为人才发展优势。正式组建了人才工作办公室,建立党委组织部统筹协调,人事处、人才办、党委办公室、校长办公室、纪委办公室、宣传部、统战部、外事处、总务处、安全保卫部等职能部门各司其职、相互协同配合的日常工作机制。另一方面,确立院系人才工作主体地位,在教师岗位分类管理改革基础

---

① 紧接的第二、三步目标分别是:到2035年左右,汇聚一批具有世界影响的学术大师和顶尖人才,一批学科进入世界一流前列,若干优势学科领域达到世界顶尖水平,办学水平和全球声誉广受认可;到2050年左右,学校努力建成综合实力和国际影响力领先的世界顶尖大学。

上,深入实施院系(单位)教师定编定岗工作,明确各院系(单位)教师队伍发展规划及分年度实施计划,将人才引进和职务评聘的自主权交给院系,激发院系(单位)在人才队伍建设工作中的主体意识和主体作用。2013年首次将涉及教职工利益的人事重大事项提交教代会审议。组织创新进一步完善了人才战略的校内横向匹配和纵向匹配。

其次,创新设置"三大计划",打造世界一流的人才队伍,体系化推进高水平的人才队伍建设。按照建设世界一流大学的目标愿景和"三步走"发展战略,对标世界一流大学,加强人才队伍体系建设,统筹、整合各类资源配置,在青年人才、学术骨干和学术大师三个层次的人才队伍建设上发力,逐年推出了相应的人才计划。2014年提出和实施的创新师资"百人计划",瞄准国际高水平大学助理教授或副教授相当水平青年人才,实行预聘—长聘制度,目的是汇聚一批极具创新学术潜质、未来有望冲击世界一流水平的优秀青年人才,造就一支支撑学校未来发展的高水平师资队伍;2015年提出和实施的"高层次人才和高水平团队引育计划",结合了原有的求是特聘学者岗位制度,进一步明晰高层次人才岗位职责和考核要求,改进完善评估机制,重点在于引进和培育一批具有国际影响力的领军人才及其团队,让高层次人才真正成为争取关键项目、建设重要基地和取得重大成果的主力军;2016年提出和实施的"学术大师汇聚计划",面向国际学术前沿和国家重大战略需求,引进与培育一批一流科学家、学科领军人物和创新团队。值得注意的是,该人才计划体系执行的是学校自身对人才的评价标准,但同时又分别对应了国家三个层次的人才项目,国家省部的支持起到了借力支撑的作用。

再者,抓紧海外人才引进的窗口期,在全球范围内大力引进学科领军人物。以国家海外引才计划、浙江省"鲲鹏行动"计划等国家、部省重大引才计划为牵引,在保证人才安全的前提下,大力汇聚海外优秀人才,探索出10种具有浙大特色的海外人才引进渠道,其中包括加强学校顶层设计谋划,精准延揽顶尖人才;绘制重点领域人才地图,挖掘人才线索;统筹干部人才工作,积极搭建引才平台;知名学者以才引才,利用学术脉络精准引进;院系跟踪推荐,以院长岗位延揽顶尖人才;上级部门推荐,通过重大引才计划引进;校地深入联动,合力引进海外杰出学者;建立长期学术合作,从柔性引进到全职引进;学校发布引才信息,学者自荐直接联系;师生关系传承,借力重大引才计划引进等。2018年9月以来,学校充分利用这些渠道,引进了一批德才兼备、活跃在国际学术前沿、解决国家重大战略需求的海外一流人才与团队,合计近600人,其中海外高层次人才全职到岗的人数是这之前4年的5倍多,40岁左右海外高水平大学正教授全职到岗人数是上一期的10倍多,实现了历史性突破。

最后,完善人才的服务保障体系,优化学术生态环境。该校实施了校领导联系服务专家制度、书记走访人才、校长学术沙龙和青年人才午餐会等多种互动机制,全面加强与人才面对面交流,营造重才爱才的文化氛围。与此同时,开启了"浙大欢迎您""浙大祝贺您""浙大祝福您"等系列暖心工程,使人才在各个重要的职业生涯阶段,都能感受到学校的关爱;引入长周期、多维度的评价方式,破除"五唯"顽疾,优化评价机制;引入有效保障与重点投入相结合的激励机制,建立有效激发教师创造活力的人才生态;统筹协调各方资源,为人才队伍提供相应的资源配置,包括启动经费、公用房使用、博士生招生指标、人才房申购,以及服务专员与队伍建设等,助力各类人才的职业发展;针对医疗、养老、住房、配偶就业等"关键小事",通过提供及时且有效的服务与帮助,为人才排忧解难,使他们潜心于科研和教学等本职工作。为了建立完善的人才服务保障体系,该校把老校区部分土地拍卖所得大部分收入均投入学科和人才队伍建设。

这一阶段,是浙江大学人才战略多重匹配的联动阶段。该校充分意识到了原有多种匹配中所存在的"割裂"或"碎片化"倾向,期望可以通过制度化、组织化方式,改变割裂或碎片状态,形成多重匹配之间的合力。面对"双一流"高校建设的双重机遇挑战,该校深化了"人才强校"战略,通过将重点战略任务和战略目标向人才的国际化建设推进,一方面较好完成了国家对于学校发展的新期望,另一方面有效实现了人才战略与学校"全球开放发展战略"的融合。与此同时,该校在策略行动上也改进了以往纵向匹配与横向匹配在一定程度上的割裂问题,通过进一步加强党对人才工作的一体化领导,正式组建人才工作办公室,形成了纵向匹配与横向匹配之间的有机衔接,实现了人才战略与人才工作的融合发展。至2021年底,全校专任教师4383人,较2012年增加了1033人,增长30.8%。正高级职称人数1964人,增长了40.1%,在教师队伍中的占比达44.8%,提高了3.6个百分点。"两院"院士增加至42人,增长了近一倍。获长江、杰青人才项目有286人次,增长了近一倍。国家级教学名师14人,增长了40%。当年延聘回聘的教师数提高至114人。"四青"人才668人,增长了14倍。全校高层次人才和优秀青年人才总数达1160余人,比10年前增加870余人,增长了3倍多,在教师队伍中的占比达26.5%,提高了18个百分点。(见图2)

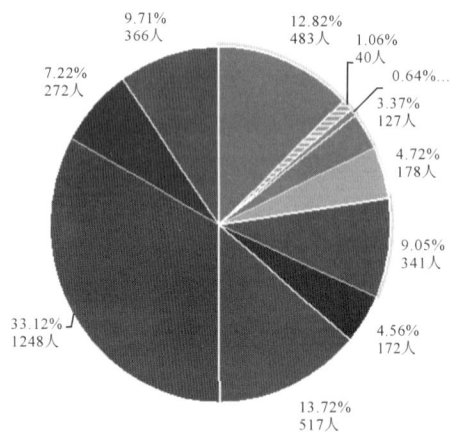

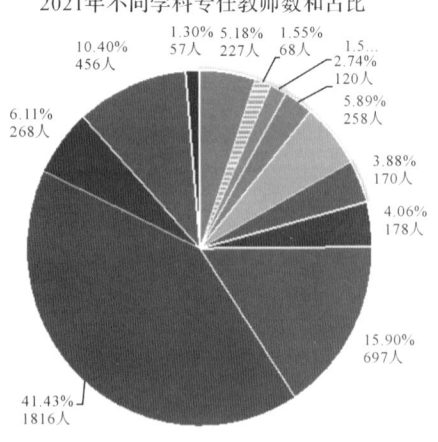

图2 浙江大学各学科教师数量20年变化情况(2002年与2021年)

(四)系统内涵式发展与新时代人才强校核心战略的提出(2022年至今)

进入中国特色社会主义新时代后,在启动全面建成社会主义现代化强国的第二个百年奋斗目标迈进的新征程之际,党中央发出了深入实施新时代人才强国战略、加快建设世界主要科学中心、重要人才中心和创新高地的号召。[8]面对"十四五"这一机遇与挑战并存的人才格局调整期,浙江大学的人才工作进入了"四势叠加"的关键时期。一是在后疫情时代、新一轮全球化等大事变的叠加影响下,全球范围内高层次人才的引进工作面临着越来越多的不确定性;二是人才强国战略的全面实施,对全方位培养、引进、用好人才,造就更多国际一流的科技领军人才和创新团队提出了更高的要求;三是国家之间、省域之间、高校之间人才竞争趋于白热化,浙江大学以往人才待遇的比较优势不断缩小;四是为率先迈向世界一流大学前列的目标愿景,学校在拔尖创新人才培养方面有更多的需求。在此背景下,学校根据习近平总书记的重要指示精神,以新时代人才强校核心战略为牵引,引导人才战略的发展,为率先迈向世界一流大学前列提供新的动力来源。

从本质上讲,实施新时代人才强校核心战略[①],就是强化人才在学校各项工作中的引领性作用,有效地把人才"第一资源"转化为推动学校办学水平新一轮提升的第一增长力量。进入"十四五",学校的发展进入了系统内涵式发展阶段,在新时代人才强校核心战略的实施过程中,以系统内涵式发展的理念来确定各阶段的任务目标,在学校内部相关职能部门之间实现人才战略发展的横向匹配。首先,更加强调在扩大人才规模的同时,把主要精力聚焦在人才引育质量的提升,以增强自主培养时代新人和名家大师的能力来提高核心竞争力;其次,更加聚焦人才自身发展与外在贡献的契合度,强化人才解决国家与区域重大问题的能力,引导人才在"四个服务"与"四个面向"中建功立业;再者,更加体现浙大人才事业的工作传统、文化特质和积极进取,致力于以独特性、不可或缺性及不可替代性来彰显浙大人才的品牌影响力;最后,更加注重学校人才队伍的整体形象与价值影响,引导各类人才在研究与解决科学、技术、社会、经济等重大问题、真问题中赢得良好口碑,在争做大先生中树

立标杆示范。

从具体路径上来看,作为综合型、研究型、创新型的一流大学,浙江大学本着自身的目标定位,全面建立一个重点突出、特色鲜明及可持续发展的人才队伍体系,实现人才战略发展的纵向匹配。一方面,不断把"学术大师汇聚计划""高层次人才培育支持计划"和"百人计划"向纵深推进,全面建设卓越工程师学院,汇聚和培养一流的人才队伍,把浙大人才队伍发展成为国家实施人才强国战略的一支重要力量。另一方面,以做强学科人才体系、人才自主培养体系、管理服务人才体系等"三大体系"为抓手,主动匹配学科发展需求、国家发展需求和人才服务需求,在学校各重点发展的领域,建设一流的人才队伍,以及一支包括博士后、实验技术和党政管理等在内的一流支撑队伍。

从政策要求上来看,进一步强化立德树人的根本要求和任务,培养造就新时代大先生。围绕立德树人根本任务,以师德师风为第一标准,以政治素质为首要条件,以教书育人为教师首要职责,以"启真问学"和"教授学术小组计划"等项目为抓手,为本科生提供直接进入顶尖学者和青年人才实验室的机会,提升拔尖创新人才的自主培养能力。与此同时,学校谋划并推进了"全球杰出教席计划",吸引一批全球顶尖学者为学生开设高水平课程,发挥顶尖学者在拔尖创新人才自主培养中的重要作用,加快建设以

---

① 2022年1月14日,在浙江大学人才工作会议上提出了深入实施新时代人才强校核心战略的建议,并在之后的学校寒假战略会议上进一步研讨,经党委常委会研究正式确立,并随即出台了意见和实施方案。《意见》聚焦打造国家战略人才力量,是学校谋划新时代人才工作、构建人才引领高质量系统内涵式发展的纲领性文件。《实施方案》以更加全面、更加深入的视角,聚焦人才工作的任务目标与实施路径,具体提出浙江大学下阶段人才工作的开展方向以及若干重点任务。

学生成长为中心的卓越教育体系。

政策要求的第二个方面是进一步加强政策和环境俱优的人才服务保障体系建设，营造最优人才生态。该校积极承接全省人才体制机制综合改革项目，建设人才发展示范区。择优建设人才特区，按照不同学科领域的需求和特点，制定了基础研究顶尖人才引育用一揽子政策工具。优化人才的作用发挥方式、开放合作模式和要素组合形式，以人才跨学科合作推进学科群会聚造峰，整合优势人才资源；突出创新在学校改革发展中的核心地位，将人才汇聚在各类高能级创新平台上，让人才参与到各种创新实践中，使人才成为创新生态建设的主人；强化改革赋能，为人才松绑，向用人主体授权，进一步把学校的制度优势、治理优势转化为人才竞争优势、发展竞争优势。同时进一步加大重点资源投入，解决医疗服务等"关键小事"。

政策要求的第三个方面，是进一步建立党建统领、整体智治、高效协同的人才工作体系，压实校院学科的工作责任。学校指导学院（系）、有关单位成立了人才工作领导小组，做实做细引才、育才、用才等各项工作。在《浙江大学中层领导班子考核指标体系（试行）》中，继续把人才的引进与培养情况作为学院（系）、附属医院等领导班子考核的指标内容及观测点。同时，把贯彻落实学校人才工作谋划部署、做好人才引育留用，以及加强人才的政治引领和政治吸纳等方面工作进展列入院级党委书记在基层党建和人才工作两方面述职评议的重点内容。

这一阶段，伴随着"四势叠加"的客观环境，浙江大学的人才战略将人才作为学校发展的第一资源，进一步确立了人才在学校各方面工作中的核心地位，强调以系统内涵式发展的理念来推动人才战略的多重匹配，多措并举，实现人才战略外部匹配、纵向匹配、横向匹配的系统化、制度化和一体化建设。

至2023年底，相比2021年底，全校专任教师4605人，增加了222人；正高级职称人数2067人，增长了5.2%，在教师队伍中的占比达44.9%，基本保持稳定；"两院"院士增加至47人，增长了11.9%；长江学者和杰青基金入选者341人，增长了19.2%；国家级教学名师17人，增长了21.4%；2023年延聘回聘的教师数进一步提高至147人；"四青"人才804人，增长了20.4%；全校高层次人才和优秀青年人才总数达1500多人，增加347人，增长了30%，在教师队伍中的占比达32.7%，提高了6个多百分点，人才队伍继续保持加速增长态势。

四、结论

总体而言，浙江大学人才战略的20年发展，集中反映了研究型大学人才战略在建设和发展过程中与学校内外部环境之间的多重匹配。通过建立"外部匹配"，浙江大学的人才引育用等工作与外部环境要求之间保持协调一致，使得人才战略和实践能够适应外部的环境与需求变化；通过建立"纵向匹配"，浙江大学的人才工作与学校整体战略决策，以及其他战略职能之间保持协调统一，人才战略与管理实践以支撑学校整体发展和其他战略目标的实现为目的，让人才可以更好地服务于学校的发展目标、使命愿景；通过建立"横向匹配"，浙江大学的人才战略实施在人才服务管理各职能的运行中保持协调合作，使学校可以为人才发展提供有力的服务合力，为人才提供良好的生态支撑。

研究表明，研究型大学人才战略不仅需要构建良好的外部匹配、纵向匹配以及横向匹配，而且这三种匹配并非孤立的子单元，而是相互衔接、相互融合的有机体。"外部匹配"要求人才工作应面向国家长期发展的重大战略需求,应该符合国家在经济发展、科技发展和人才发展方面的时代要求,顺应国家对高等教育制度改革的总体把握;"纵向匹配"要求研究型大学的人才战略应该根据自身发展需要,在学校发展的总体战略框架下,建立人才工作的发展规划,明确各类人才发展的政策与措施,以及资源配置与环境建设;"横向匹配"则要求人才工作部门内部各种职能之间以及与学校其他职能部门之间可以有效合作。浙江大学的人才战略发展,本质上就是这三种匹配从要素构建、功能激发、协同发展到系统推进的过程。

当前,世界大变局加速演进,全球面临前所未有的挑战,进入新的动荡变革期。面对百年未有之大变局所带来各种不确定性,尤其需要以人才引领高质量发展。因此,当前和未来一段时期,研究型大学的人才战略需要回应新质生产力发展的时代要求,其外部匹配应适应拔尖创新型学生的自主培养、原创性颠覆性科学技术的产生,以及创新成果转化为新质生产力这三个迫切的需求;其纵向匹配则要求从创新规律和人才成长规律出发,厘清研究型大学人才队伍的主要类别,如创新孕育期的新质学生、创新成长期的青年科技人才、创新发展期的高层次骨干人才以及创新成熟期的顶尖人才等,根据其创新路径的不同特征,匹配相应的政策和资源保障;其横向匹配则应进一步建立起各横向职能间的协调配合,提供更适合于新质人才创新活动的服务和生态。

参考文献

[1] 孙杰远.论大学人才战略的实践逻辑[J].国家教育行政学院学报,2022(2):5-12.

[2] 中国政府网.习近平:高举中国特色社会主义伟大旗帜,为全面建设社会主义现代化国家而团结奋斗——在中国共产党第二十次全国代表大会上的报告[EB/OL].(2022-10-25)[2024-02-01].https://www.gov.cn/xinwen/2022-10/25/content_5721685.htm?eqid=878fbf26000286050000000006646b1331.

[3] DELERY J E. Issues of Fit in Strategic Human Resource Management: Implications for Research [J]. Human Resource Management Review,1998,8(3):289-309.

[4] CHÊNEVERT D, TREMBLAY M. Fits in Strategic Human Resource Management and Methodological Challenge: Empirical Evidence of Influence of Empowerment and Compensation Practices on Human Resource Performance in Canadian Firms[J]. International Journal of Human Resource Management,2009,20(4):738-770.

[5] SHAHEEN H, ALMOHTASEB A A. Framework for Exploring Fit and Flexibility in Strategic Human Resource Management in Jordanian Telecommunication Companies[J]. European Journal of Business Management and Research,2020,5(1):1-8.

[6] 魏海波,李新建,刘翔宇."HRM-竞争战略"匹配模式对组织适应性绩效的作用机制研究[J].管理学报,2018,15(3):366-374.

[7] 朱斌,张佳良,范雪灵,等.匹配观视角下的战略人力资源管理模式:碧桂园集团人力资源管理之道解析[J].管理学报,2020,17(6):791-801.

[8] 习近平在中央人才工作会议上强调 深入实施新时代人才强国战略 加快建设世界重要人才中心和创新高地 李克强主持 栗战书汪洋赵乐际韩正出席 王沪宁讲话[N].人民日报,2021-09-29(1).

The Exploration and Practice of Talent Strategy in Research Universities: A Case Study of the Multiple Matching of Talent Management at Zhejiang University

Xu Xuan

Abstract: The talent strategy of research universities, as an integral part of the national talent empowerment strategy, is an essential resource for the sustainable growth of top-tier universities. The formulation and implementation of a scientifically rigorous and efficient talent strategy are essential for propelling the high-quality development of first-class universities. This paper, taking advantage of the perspectives provided by the matching theory of strategic human resource management, considers the development path of the talent strategy in Zhejiang University since its formation with the merging of four universities, and proposes that the development of talent strategy is one of the core factors enabling a research-oriented university to gain a competitive advantage. This requires achieving multiple matches with the university's internal and external environment, which mean "external matching" with the national development environment, the "longitudinal matching" with the overall strategy and development goals of the university, and the "transversal matching" among the various functional departments or offices in connection with the talent management inside the university. At present, to realize the goals of Chinese modernization, in the light of the new challenges and emerging opportunities in the evolution of talent development in Chinese universities, the development of talent strategy is expected to be upgraded iteratively and coherently on the basis of changes in the internal and external environment of research universities, as well as the issues resulting from the changes.

Key words: Research University; Development of Talent Strategy; Sustainable Growth; Multiple Matching

高教发展
Higher Education Development

From "Perceptual Cognition" to "Rational Choice": A Study on the Subject Selection of College Entrance Examination from the Perspective of the Grounded Theory

从"感性认知"到"理性选择"
——基于在校大学生新高考选考科目选择的探析

|朱佐想| |杨桂珍|

【摘 要】本研究借鉴理性选择理论,以新高考省份综合性大学Z大学3个学科大类共60名学生为研究对象,构建科目选择的四维认知影响模型,探索学生是如何为了实现最大化效益而做出选考科目选择的策略性行为。研究显示:学生在选考科目选择上存在"感性认知"现象;政策指引、他人影响及个人意愿是影响学生选择取向的三个主要因素;科目选择取向对其进入高校专业学习状态存在影响;动态发展的理性选择是选考的一种较为理想的状态。为进一步提升学生选考科目"理性选择"的质量,需要形成高等教育、考试招生和基础教育的工作合力。

【关键词】高考综合改革;选考科目选择;感性认知;理性选择

---

① 项目来源:浙江省普通本科高校"十四五"教学改革项目"'强基计划'招生录取的成效分析与培养模式改革"的阶段性成果。
作者简介:朱佐想,浙江大学教育学院博士研究生、浙江大学总务处处长、副教授;杨桂珍,宁波大学国际学院副院长、讲师。

一、引言

2014年9月,《国务院关于深化考试招生制度改革的实施意见》颁布,标志着新一轮高考改革综合试点启动。截至2022年底,全国已有29个省市分五批正式启动新高考改革,其中选考科目主要有两种模式。第一种是以第一批和第二批改革省份为代表的"3+3"模式,即语文、数学、外语三门科目固定,在思想政治等科目中选择三门科目;另一种是以第三批改革省份为代表的"3+1+2"模式,即语文、数学、外语三门科目固定,物理或历史为首选科目,在思想政治等科目中选择其他两门科目。作为高考综合改革重要内容的"改革考试科目设置",旨在促进学段间人才培养的有机衔接。在改革试点取得积极成效的同时,也遇到了一些新情况和新问题。[1-3]部分高校专业设置选考科目缺乏合理性,造成部分学生的"功利性选考";高中学校"学涯"和"生涯"指导的不到位,使学生存在无所适从等。[4-6]由此也产生了"高中教育与大学教育缺乏有效衔接""大学生专业认同感缺失""大学新生学业适应性不强"等一系列问题。[7-8]基于此,本研究尝试通过对新高考省份某综合性大学Z大学3个学科大类的大学生进行深度访谈,并对访谈结果进行归纳与整理,以期能够较好地分析学生对于科目选择的现实情境、选择条件、因果关系、理想状态的理性选择图景。

二、理性选择理论及在本研究中的应用

理性选择理论的思想渊源可追溯至古典经济学家亚当·斯密(Adam Smith)提出的"经济人"假设,即假定人在一切经济活动中的行为都是合乎理性的,即都是以利己为动机,始终力图以最小的经济代价去追逐和获得自身最大的经济利益。[9]萨伊(Jean-Baptiste)、马尔萨斯(Thomas Malthus)等为代表的新古典经济学继承和发展了古典经济学"经济人"假设,提出:个体行动往往是理性的;可以根据所获得的各类信息进行加工分析,按最有利于自身利益的目标选择决策,以获得利益最大效用。[10]1990年,詹姆斯·科尔曼(James Coleman)出版《社会理论的基础》(Foundations of Social Theory)一书,借鉴了新古典经济学派的经济人假设和有限理性学说,提出了科尔曼的理性选择理论。该理论认为"效益"不局限于经济效益,还包括社会、文化、情感、道德等多种偏好,理性人以合理性行动追求这些效益的最大化。[11]117然而,后续有很多学者认为人们的理性不可能是完全的理性,那么其行为也不可能是完全的理性行为。

相对于经济学中的理性假设,社会学的理性选择理论作出了如下修正:第一,人的理性选择并不是完全理性的;第二,承认人的行为也有非理性的一面;第三,将制度文化看作内生变量并会影响个人的偏好和目的。[12]为了表达个人行动理论的主要内容,科尔曼将经济学中"合理性"一词借来解释"有目的的行动"。他所阐释的是广义上具有目的的行动,不仅包括经济领域的,还包括文化的、社会的、情感的等众多领域的内容,是多种概念结合于一体的。正如杨善华在《当代西方社会学理论》书中指出的那样,科尔曼理性选择理论的主要目标有:第一,通过该理论建立起社会理论中微观层面与宏观层面的桥梁;第二,通过数学模型来解释从微观到宏观的过渡环节;第三,运用其理论分析作为现代社会主体的法人行动者。[13]目前,国内人们的社会生活仍旧没有离开各种关系,但在市场经济的冲击下,这种关系与传统社会相比带有更多的工具性、

交换性、互惠性和功利性的特点。行动者往往以理性人假设作为逻辑起点,在制度环境构建的激励机制下,选择实现利益最大化的具体策略。[14]所以,在传统与现代的双重影响下,国内人们的社会行为在保有伦理性、情感性的基础上会带有显著的理性色彩。

自理性选择理论从经济学领域进入社会学领域以来,越来越多的学者用其分析教育领域中的选择行为。他们的行为直接决定了自己是否能够接受高等教育以及接受何种水平的高等教育。在本研究中,学生作为活动中具有"理性"的行为者,为了追求效益最大化,即"3+3"模式的后3门科目选择或者"3+1+2"模式的后1门和2门科目的选择。他们采用一种结果逻辑,想尽办法获得国家相关教育政策、心仪大学及专业的科目设置、自身的兴趣与行为偏好、周边潜在竞争对手的选择、父母和家长等的成功经验等各类信息,对以上各类信息进行加工分析,按最有可能获得高考高分(或者最有可能进入某大学某专业)的最大化效益目标而做出选考科目的策略性行为。综上所述,学生的科目选择行为是一种社会行动,进入了理性选择理论的解释范畴。

三、样本选择和研究设计

本研究采用分层随机抽样法,在新一轮改革省份的某综合性大学Z大学抽取工学类、农学类、医学类学生各20名,合计60个样本。样本选择大学生的原因:一是他们容易回忆起高中期间如何思考并确定选考科目,在此过程中受哪些因素影响;二是他们经历了一段时间的大学专业课程学习,已经充分感知到自身科目选择对于大学专业学习的影响。为更好开展质性分析,工科类学生编号为GS1-GS20,农学类学生编号为NS1-NS20,医学类学生编号为YS1-YS20。

为了能够得到更加真实、全面和有效的信息,研究者在访谈之前与访谈对象有着深入的交流,希望访谈者能够本着进一步完善新高考改革措施,更加有利于人才培养以及促进基础教育和高等教育有效衔接的初心来进行交流。研究采用质性研究方法,运用开放编码、轴心编码和选择编码三级方式分析访谈资料[15],并提炼了"现实情境""选择条件""因果关系""理想状态"四个核心要素类属。

四、结果分析与讨论

通过对60名学生的深度访谈,按照影响选考科目选择的情景条件、政策条件,以及选择后产生的因果条件和进入大学后期望的理想条件,建立了影响科目选择的四维模型,详见图1。该模型能够较好地解释是什么原因(选择条件)促成了目前学生选考科目选择时的状态(现实情景),以及此状态下进一步引发的结果(因果关系)以及学生理想中的选考科目情况(理想状态)。

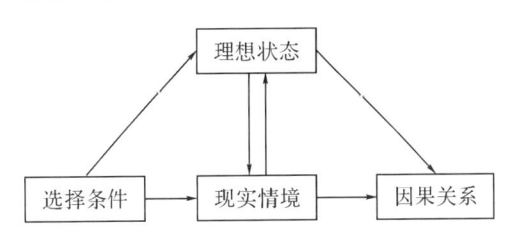

图1 影响学生科目选择的四维模型

(一)现实情景:存在"感性认知"现象

现实情景是当前状态下的实际现象,主要基于访谈大二学生对于自己选考科目选择的客观描述,不同学生对于自己选考科目的选择表现出不同的状态。研究者对访谈的60名学生的选考科目进行了统计,由于访谈的对象为工科、农学与医学的学生,在Z大学这三类专业选考科目的指引下,目前选择物理、化学、生物的考生有 29 人；选择化学、生物、地理的考生有 8 人；选择物理、化学、技术的考生有 5 人，选择其他组合的还有 18 人。从访谈结果来看，主要有"感性"和"理性"两个方向。实际情况中，两者分布并不相当，而是较多的同学偏向于"感性"，当然也不是完全感情用事下的随意选择，而是在基本的认知下的感性。实际上，也没有受访者表示在完全不了解选考科目情况下进行盲目选择，学校老师会介绍高校专业相关的选考科目。"感性的认知"指的是学生对于选考科目有一定的认知度，但是仍然停留在感性层面，认为哪个选考科目好、容易得到高分、可供专业选择多等。"感性的认知"比较容易受到他人影响，会积极参考周边人的选择以及意见，而自己并没有进行深入的理性分析。"在当下那个状态，大家都在纠结选什么，也不知道未来想读什么专业，但据我们所知物理化学将来选择会比较多，那就选物理化学吧"，受访者 GS1 描述了其中一种"感性的认知"状态以及当时做出的选择。这种认知状态下做出的选择基本遵循了扩大未来大学专业选择面的原则，但其实也并未深度考虑未来专业所需的基本学科知识。

（二）选择条件：主客观条件的综合影响

科尔曼认为，理性选择的行动系统包括行动者、可获得的资源以及利益等三个基本元素。学生作为一个行动者，其选考科目的选择行动有其自身的特点，为了实现个人效益的最大化，将会充分利用其他能够从中获利的资源。[11]82"选择条件"可以理解为形成科目选择现实情景的各种原因。学生对于选考科目的选择，在访谈中基本所有的学生在科目选择过程中都有政策指引、他人影响以及个人意愿三方面的因素。这些并不是单一的因素，而是相互交织的多因素的综合

结果。新高考推进选考科目的初衷是为了让学生能有更多自主的选择，也为了让高校能够根据自身特点设置选考科目，选拔符合专业培养所需学科基础知识的学生。在访谈过程中，部分学生表示对教育部有关选考科目指引和相关高校选考科目设置较少。有 19 位受访学生表示在选择选考科目时候，父母对科目的建议是其中一项主要的考虑因素。当然，学生在选考科目选择的时候，基本对于目标学校有一定了解，但对于目标专业缺乏了解。比如，有些学生希望读工科，看看大多数学校工科类的专业都有物理要求，那么就会选择物理；有些学生希望读医科，看看大多数学校医学类会在物理、化学、生物中有 2 门选考科目要求，那么就会按照相关高校的指引来选择。60 名受访学生中，24 名学生明确表示在选择选考科目的时候，选择了"将来专业选择面较多的科目"。"高中时候打下的数理基础对大学学习非常有帮助，比如选考技术这门科目对于信息工程等工科信息类的专业具有非常大的帮助，技术科目中的信息技术对应编程能力，而通用技术对应硬件设计"，受访者 GS12 描述了选考技术这门科目对于现在专业学习的重要性。当然，大多数学生会根据高中学校提供的选考科目套餐类别，也会考虑高校各专业科目设置要求来匹配自己的选考科目。46 位受访学生表示根据自己对科目的兴趣来考虑选考科目，14 位受访学生还考虑了与自己心仪专业的匹配程度，这与学生基于对就读中学可提供的选择资源比较了解，而对大学各专业相关要求不够熟悉的事实是相一致的。

（三）因果关系：结果大不相同

"因果关系"揭示了不同状态下的选考科目选择对于学生未来高考专业选择和进入大学后的学习，甚至毕业后的就业都会有

影响,有消极和积极之分。一般而言,"感性的认知"更容易对学生和高校造成消极的影响。比如,为了轻松点只选择了一门相符的专业,后来大学学习基础不牢固;随大流选择的科目自己并不喜欢,导致学习效果不好;只考虑高分选的科目最后不符合心仪专业而无法报考等。与学生的访谈发现,有15位受访学生表示漏选一些科目导致大学期间的学习吃力,有12位受访学生表示高中知识和大学专业知识存在较大的脱节,有7位受访学生表示上大学后发现实验操作能力欠缺。另一面,"经过思考的选择"则更容易给学生和高校带来积极的影响,基于多方信息的综合考虑会更切合自身,让学习更加应手,不管是高中阶段、大学阶段和就业阶段都会得益于理性的选择。YS10受访学生表示:"选择合适的选考科目对大学专业知识的基础巩固具有重要意义。就比如化学而言,对我大学期间学习有机化学、生物化学等贯续性专业课程是其他学习不可替代的。"46位受访学生表示正确的选考科目将为大学课程奠定良好的基础,13位受访学生认为还能促进未来职业发展。当然也不完全保证一定能百分百契合,社会和人的成长都是发展性的,可能兴趣和职业选择都会有所改变,当下的选择不一定适合未来的。那么,到底什么样的状态是最理想的呢?在访谈过程中,工科类学生大多表示,除了数学以外,物理是目前专业学习所必备的前置课程。医学类、农学类的学生中大多表示希望有化学与生物的学科基础。

(四)理想状态:动态发展的理性选择

"理想状态"是受访者所期待的选择状态。基本上大部分受访者都对自己当初的选择有所缺憾。当然"感性的认知"下的偏多,有后悔当年比较势利地选择了以为会在赋分时代下拉开差距的科目,但因为对于自己不够了解而定不切实际的目标,感性地认为自己可以而最终未能如愿。有得到教训的,不要为了高分,就非逼着自己去做不擅长、不感兴趣的事情,导致学习过程的痛苦,也就最终未能真正提升自己。但是经过深思熟虑后做出的也会有一些小意外,发现自己的兴趣变了,发现当初的职业已经有了更多能力素质要求。GS6受访者表示"当高中进入到选科的阶段时,学校应该加强学生的未来的专业意识,尽可能地让学生知道自己的选科能和什么方向的什么专业挂钩,或是请来已毕业的大学生来进行专业介绍。只有明确方向,才能做出令自己满意的选择。"总体而言,如果当受访者重新做一次选择,大家都会有更多的思考和期待,符合社会发展规律和人才发展规律的选择都是大家永恒的追求。研究结果为这种理想的期待提供了一种可能,即"理性的选择",基于自己的兴趣所在、擅长之处和未来职业发展的综合能力素质要求,充分思考做出选择,并能用发展性的眼光来适时调整,不断契合人才培养和成长的规律。正如科尔曼所认为,人们的理性行动总是在一定规范指导下进行的,宏观社会规则为解释特定社会系统中的个人行动提供了便利,但是也在很大程度上制约并控制处于微观水平的个人的选择。个人理性选择行为的效益最大化就是其理想状态。[11]137

五、政策建议

2021年7月,教育部颁发了《普通高校本科招生专业选考科目要求指引(通用版)》,是服务国家战略发展,落实"破五唯"评价改革,深化高考改革,推动形成良好教育生态的重要举措,对于优化选考科目要求、奠定高质量生源基础具有重要指导意义。依据上述研究结果,学生在选考科目选择上存在感性认知现象,对相关政策的理解更多停留于表面,不了解政策内在的意义,选考选择更多受家人和个人意愿的影响等。但是学生的选考科目选择对其进入大学后的学习状态存在重要影响作用。因此,本研究提出下述政策建议。

(一)地方政府要加强统筹协调,形成高等教育、考试招生和基础教育的工作合力

地方政府要进一步加大经费投入,夯实基础条件。改善普通高中特别是薄弱地区高中学校的办学条件,适应选课走班需要,进一步完善生师比,教师编制,班额规模,生均经费,生均仪器设备,功能性教室、校舍建筑等方面的标准;加强教师队伍建设,认真研究选科情况,应对改革后教师结构性缺编问题,为进入高考综合改革后实施选课走班创造良好条件,并建立完善教师考核与激励机制,充分调动教师参与改革的积极性。高校、考试招生部门和高中要形成工作合力,共同促进学生高考选考科目"理性选择"的实现。依据研究结果,对政策内在意义的了解缺乏是造成当下高考选考科目选择感性化的重要原因之一,高校、考试招生部门和高中如果能够形成合力,对这一问题的破解将起到至关重要的作用。对于高校来说,要将高等教育人才的培养环节和步骤部分"前置化",增加与高中学校的联系与对接,让高中学校的师生充分了解高校人才培养的规律,对于高中与大学的衔接有更深入的理解。对于考试招生部门来说,要更有针对性地做好招生宣传工作,结合近几年的选考情况,推出一些相关的专题报道,使学生对于选考现状有更全面和真实的认识。对于高中来说,全面加强对选科情况的管理和调控,确保物理、化学等选科结构保持在合理区间;进一步增强中学校长、任课教师的教育理想和教育情怀,扭转传统应试教育惯性思维,确保能准确理解和把握新指引的重要意义和具体要求。

(二)高校选考科目设置要遵循人才培养规律,要促进基础教育与高等教育学段间的有效衔接

高校要负起责任,强化人才培养一体化的意识,将选考科目的设置的意义放到重要的位置。高校设置选考科目是为了招收到符合专业需求的基础人才,但是人才不能只是科目的高分者这一直接指标,而是要以学生的健康成长、成才作为出发点和归宿点,而学生健康成长和成才就要求遵循人才培养的规律去加以培育,具体就是要建立更加多元的评价体系。2014年12月,教育部发布《教育部关于加强和改进普通高中学生综合素质评价的意见》,明确规定综合素质评价主要包括5个方面:思想品德、学业水平、身心健康、艺术素养和社会实践。[16]这给评价体系的多元化指明了改革方向,在注重培养学生专业基础教育的同时,也需要培养感性教育与情商教育。

高校选考科目设置要注重基础学科支撑引领作用,促进学生的学习与终身发展。高校要真正从未来学习所需要的专业基础角度来通过选考科目这一纽带,做好学段间人才培养的有机衔接。比如大部分学校工科试验班都只提出物理,但如果工科试验班包含了化学工程与工艺、高分子科学与工程、材料科学与工程等专业,就应该提出物理与化学的选考科目要求。高中和大学的课程也要避免脱节,比如有些地区高中信息技术教材较为老旧,出现和现在常用的操作不甚匹配的情况等。

高校要进一步加强与高中学校的沟通交流,分享人才培养理念和优质教育资源。全面推进高校与高中学校的战略合作,建立高校与高中学校衔接培养基地,构建人才培

养一体化的新格局。加强对高中学校的生涯规划教育、综合素质评价指导,联合开展课程开发、教材编写以及教育教学改革,帮助高中学校提升教育教学水平。开放大学实验室,开设大学先修课,向高中学生分享大学课程。开展培训讲座,组织"高校教师走向高中学校"和"高中学生走进高校"等系列交流活动,促进高中学生对高校及专业的了解。

(三)中学教育资源供给要满足学生个性化需求,着眼于人才培养质量的提升

中学教育资源供给要满足学生个性化需求。因材施教的思想要深深植根于中学教学理念,中学教育资源供给侧要有结构性改革,能够满足学生的个性化成长需求。因此,在教育资源供给上,要真正满足学生选考科目的需求,并要注重学生职业生涯的规划,要把高中选考科目选择、大学专业选择与未来职业生涯规划联动起来;在评价方式上,要从单一分数评价转变为综合素质评价,对于选考科目的教学资源要能够配齐配全,要以学生成长为目标,满足学生多样化的选考科目需求。同时,在评价指标上,也要注重学生综合素质的提升。综合素质评价也不是通过单一指标来评价,而是记录每个学生的成长和特点,要实现综合素质全面且个性化特征明显;评价保障上,须在教学中重视对综合素质的培养。要把学生选考科目中不涉及的学科通过学考和综合素质方面的知识拓展来进行全方位提升。

中学引导学生选考科目选择要注重促进学生个人发展对接国家人才需求。中学在政策引导、教育资源供给等方面,都应该立足于学生发展对接国家人才需求的高度,要将"物理""化学"兼报作为大多数选择理工农医专业学生的必选科目,从而能更有利于打通国家急需基础学科拔尖创新人才的选拔与培养,强化国家重大战略需求的人才培养导向。同时,也要更加注重学生的专业兴趣导向,让学生提前从高校选考科目的设置了解入手,从而进一步了解大学专业设置与培养方案、课程体系情况,进而能够让学生选考科目选择更具理性、更加科学。

中学引导学生选考科目的选择要立足于学科知识的系统性。在新高考的改革中,对于人才培养规律和综合素质评价的改革方向,也启示学生要从思想上就必须摒弃"唯分数论",不能只追求高考考分。必须在中学期间重视自身的综合素质发展,并能尽早了解自己的特长,提前规划人生发展,能够有意识地根据规划提升自己的综合能力素质,从而去选择更为理性的选考科目,为未来的学校专业选择和职业发展打好坚实基础。中学引导学生选考科目的选择要着眼于未来职业发展与人才培养的全球竞争力,引导学生加强中学阶段的物理、化学等基础学科学习;更加注重把握学科专业知识的系统性,引导学生在中学阶段储备必要的知识结构以更好地适应未来专业学习。

随着新高考改革的深入推进,地方、高校、中学与学生都要从人才培养规律的角度,来正确认识选考科目,要从基础教育与高等教育的衔接和全面人才质量观的角度来认识选考科目的重要性。高校要明晰自身的定位,扎根本土,立足实际,凝练特色,拒绝"千校一面"。应当进一步加强专业建设,优化专业布局,突出优势专业。要以高考志愿政策改革为契机,以"壮士断腕"的决心和勇气,让专业类"小鸡独立"。[17]本次研究仅仅从学生层面来了解选考科目选择的影响因素,后续本研究还将关注高校学科教师、中学教师等角度,以期得到更多有价值的素材和结论。

参考文献

[1] 刘海峰.新高考改革的实践与改进[J].江苏高教,2019(6):19-25.
[2] 钟秉林,王新凤.新高考的现实困境、理性遵循与策略选择[J].教育学报,2019(5):62-69.
[3] 文东茅.高考改革中制度、能力与人心建设的系统联动[J].中国教育学刊,2019(6):6-13.
[4] 冯成火.高考新政下高中课改的评价、问题与策略:基于浙江省的实践与探索[J].教育研究,2017,38(2):123-131.
[5] 覃红霞,方芳.从选科制谈起:我国高考计分制度的省思[J].江苏高教,2021(9):64-71.
[6] 郑若玲,凌磊,吴根洲,等."新时代高考综合改革的纵深推进"笔谈[J].福建师范大学学报(哲学社会科学版),2020(4):117-133.
[7] 吕慈仙,高艺耀,刘恩贤,等.新高考科目选择动机是否影响大学期间的学业成就:基于专业承诺的多重中介效应分析[J].教育发展研究,2022(17):15-24.
[8] 鲍威,金红昊.新高考改革对大学新生学业适应的影响:抑制还是增强?[J].华东师范大学学报(教育科学版),2020(6):14.
[9] 亚当·斯密.国富论[M].罗卫东,译.杭州:浙江大学出版社,2016:67.
[10] 帕森斯.社会行动的结构[M].张明德,夏翼南,彭刚,译.南京:译林出版社,2003:121.
[11] 科尔曼.社会理论的基础[M].邓方,译.北京:社会科学文献出版社,1992.
[12] 文军.从生存理性到社会理性选择:当代中国农民外出就业动因的社会学分析[J].社会学研究,2001(6):19-30.
[13] 杨善华.当代西方社会学理论[M].北京:北京大学出版社,1999:52.
[14] 田先红.属地管理与基层避责:一种理论解释——基于理性选择制度主义的分析[J].广西大学学报(哲学社会科学版),2021(2):53-62.
[15] 格拉泽.扎根理论研究概论:自然呈现与生硬促成[M].费小冬,译.米尔谷:美国社会学出版社,2009:23.
[16] 中华人民教育部.教育部关于加强和改进普通高中学生综合素质评价的意见[EB/OL].(2014-12-16)[2023-08-03]. http://www.moe.gov.cn/srcsite/A06/s3732/201808/t20180807_344612.html.
[17] 苑津山.新高考两大高考志愿政策:比较、问题及建议[J].西南大学学报(社会科学版),2023,49(3):221-229.

From "Perceptual Cognition" to "Rational Choice": A Study on the Subject Selection of College Entrance Examination from the Perspective of the Grounded Theory

Zhu Zuoxiang, Yang Guizhen

Abstract: By adopting the Grounded Theory and taking 60 students of various majors of Z university as study objects, this study tries to explore the cognition of students in the Provinces that practice new college entrance examination reform on the selection of test subjects. The goal of the paper is to construct a four-dimensional cognitive impact model of students' selection of test subjects. The influence model shows that there is a phenomenon of "perceptual cognition" in the selection of subjects, and that policy guidance, others' influence and personal will are the three main factors affecting students' choices. Students' choice has an impact on their learning attitude after entering universities, and the rational choice of dynamic development is an ideal state of subject selection. In order to further improve the quality of students' "rational choice" of subject selection, it is necessary for relevant departments to form a joint force of work and give more guidance to students, and to take the selection of examination subjects as a link between the optimization of basic education and the training of talents in higher education; the construction of the system should promote the selection of examination subjects to adapt to the training of professionals, and the supply of educational resources in middle schools should meet the individual needs of students.

Key words: Comprehensive Reform of the New College Entrance Examination; Grounded Theory; Subject Selection; Perceptual Cognition; Rational Choice